共存共栄

松下幸之助

1人だけの繁栄はあり得ない。自他ともの幸せを願い、共存共栄をめざしていくところに、自分自身の幸せも社会の繁栄も実現される。

商道探究

丁稚奉公先の五代自転車商会の御寮人《ごりょん》さん（店主夫人、写真右）は実の子どものようにかわいがってくれた
（明治38年、松下の最も古い写真。10歳）

全国販売会社代理店社長懇談会（通称“熱海会談”）では、のべ13時間にわたって壇上に立ち、胸襟をひらいて話し合った
（昭和39年７月、静岡県熱海市のニューフジヤホテルにて。69歳）

初荷《はつに》壮行会にて。明るく喜びにあふれた初荷の雰囲気に商売発展の秘訣があるとして、この正月恒例の行事をこよなく愛した　（昭和30年1月、60歳）

「京滋・北陸店会謝恩会」にて、お得意先に深々とお辞儀をして謝意を表す
（昭和43年９月、京都勤労会館にて。73歳）

商売心得帖／経営心得帖

Konosuke Matsushita
松下幸之助

PHPビジネス新書
松下幸之助ライブラリー

PHPビジネス新書「松下幸之助ライブラリー」創刊の辞

二〇一四年は、祖父・松下幸之助の生誕から百二十年の節目の年であると同時に、没後二十五年の年でもあります。これまで弊社では、創設者である幸之助の考え方をより多くの方に知っていただくべく、幸之助みずからが著した著書の出版にくわえ、さまざまなかたちでその事績や発言、哲学などを広くご紹介する活動を続けてまいりました。

そのようななか、昨年末に幸之助の代表的な著作である『道をひらく』が、初版から四十六年の時を経て累計発行部数五〇〇万部を突破するにおよび、私どもは、やはり幸之助自身の著書こそ多くの方に求められているのではないかとの思いを深めるにいたりました。

そこで、このたび「松下幸之助ライブラリー」を立ち上げ、これまで単行本や文庫などのかたちで発行してきた著書のうち主要なものを、よりビジネスパーソンが手に取りやすいシリーズとして集約し、リニューアル刊行することにいたしました。祖父・幸之助の著作がよりいっそう皆様にお役立ていただけますならば、これに勝る喜びはございません。

二〇一四年三月

PHP研究所会長　松下正幸

新書版『商売心得帖／経営心得帖』（合本）発刊にあたって

松下幸之助の〝商いのこころ〟の原点はいつ、どこで育まれたのでしょうか。それは、小学校を中退して大阪・船場《せんば》で過ごした奉公時代にあったと考えられます。船場は〝天下の台所〟大阪にあって、町人文化を最も継承している中心地。九歳のとき和歌山から出てきた少年松下は、火鉢店で三カ月奉公したのち、五代《ごだい》自転車商会で五年あまりにわたって、主人五代音吉《おときち》夫妻から頭の下げ方や言葉遣い、身だしなみ、行儀など、商人としてのイロハをみっちり仕込まれました。

その躾《しつけ》は、ときに頰を張られる厳しいものでしたが、松下は音吉を尊敬すること大なるものがありました。さまざまな場で往時をふりかえり、「いましずかにこの小僧時代をふりかえってみて思うことは、五代さんから叱られつつも、身をもって知り得た商売のコツなり、その他のいろいろな体験こそ、その後のわたしにとって、何ものにもかえがたい一つの貴重な宝であったということである。もしこの奉公時代のいろいろな体験がなかったなら、おそらくわたしの今日はなかったろうという感じさえ強くする。いってみれば、世の中のどんな立派な学校よりも、わたしにとっては一番いい学校で学んだのだと、つくづく思われるのである」（松下幸之助「忘れ得ぬ人　わたしの丁稚時代のご主人」『家の光』家の光協会、一九七二年四月号）とまで述べています。

その体験の一つであり、その後の松下の商売観に大きな影響を与えたと思われるエピソードがあります。初めて一人で自転車を販売したときのことです。

修業を始めて三年、すでに十三歳になっていましたが、当時の自転車は百円前後と、今日の自動車に匹敵する価格で、客から話があっても、小僧が一人で売り込みに行くことはまだ許されていませんでした。

そんなある日、近所の蚊帳《かや》問屋から、「自転車を買いたいから、すぐ持ってきて見せてくれ」と電話が入りました。あいにく番頭も店員もみな出払っていて、松下しかいません。主人の音吉は、「先様もお急ぎのようだから」とその大役を松下に命じます。以前から一度自分一人で自転車を売り込んでみたいと思っていた松下にとっては好機到来。自転車の性能を問屋の主人に、一所懸命説明しました。十三の子どもが熱心に説明するのがよほどかわいく見えたのか、その主人は、「よし、買《こ》うてやろう。その代わり一割まけてくれ」と条件を出します。店では一割引きで売っているのを知っていた松下は、すぐに承諾して意気揚々と引きあげてきて音吉に報告しました。

ところが音吉の口から出てきたのは叱責の言葉でした。「いっぺんに一割引きはない。五分だけ引くと、もう一度言ってきなさい」。いくら小僧でもいったん売ると約束してきた手前、今さら約束を反故《ほご》にはできない。「そう言わずにまけてあげてほしい」とねばっているうちに、松下はシクシク泣きだしてしまいます。これには音吉も面くらって、「おまえはどっちの店員か」とたしなめますが、容易に泣きやみません。そうこうするうちに先方の番頭が、「返事が遅いので」と訪ねてきました。音吉が事情を説明したところ、番頭からそれを伝え聞いたその問屋の主人は、「なかなか面白い小僧さんや。それでは、その小僧さんに免じて五分引きで買ってあげよう」ということになり、ついに松下は自転車を売ることに成功したのです。それだけでなく、その主人は、「おまえがいるうちは、自転車は五代自転車商会から買おう」とまで言ってくれ、大いに面目を施したのでした。

これは一つのエピソードにすぎません。しかし、商売に対する熱意、ひたむきさがお客様の心を動かしたという点で、松下自身が商売の機微を知り、その醍醐味《だいごみ》に目覚めていく大きな契機になったことは間違いありません。

一九六八（昭和四十三）年に販売会社・代理店に向けて発行された『販売のこころ』（松下電器産業株式会社・電池事業本部〈非売品〉）という本の冒頭で、松下は次のように記しています。

「物が動いて、お金が動いて、それで一応の商売が成り立つというものですが、もう一つ根本的に大事なことは、物や金とともに、人の心もまたこれにのって、移り動いていかなければならないということです。単に物をつくり、物を売り、そしてお金を得ているというだけなら、商売とはまことにさくばくとしたものになってしまいます。そうではないのです。物とあわせて心をつくり、物とともに心を売り、そしてお金とともに心をいただく、つまり物や金が通い合うだけでなく、お互いの心というものがその間に通い合うことが、きわめて大切なのです。そこに、商売の真の味わいというものがあると思います」

九歳で実業の世界に入って六十余年、松下が求めた商売の本質は、初めて一人で商売に成功したときの体験から培われ、このような思いに結実していったのかもしれません。

今日、ＩＴが発達し、相対《あいたい》接客が減って、商売の様相も大きく変わりました。今後もなお変わり続けることでしょう。しかし、商売の真の味わいを説く松下の考え方は、商売や経営の手法が変わろうとも普遍性をもち、正しい商売や経営のあり方を再確認していただく道しるべになるものと信じます。

本書が、この混迷の時代にお店を、また会社を経営される皆様にとって末永くお役に立ち、何らかの指針となれば幸いです。

二〇一四年四月

PHP研究所　経営理念研究本部

【おことわり】

・本書では、松下電器グループ各社、およびその他の企業名は、旧版の発刊当時の社名をそのまま使用しています。

・「〇年前」などの時系列を表わす表記も、発刊時点での表記のままとしていますが、必要に応じて年代を付記するなどしています。

・旧版発刊当時の時代状況に関する記述については、現代では必ずしも事情が同じでないものや、適切でないとされる表現も含まれますが、当時の時代状況に鑑み、そのままの表現を残しているものもあります。ご了承ください。

商売心得帖／経営心得帖

目次

商売心得帖

第一章　商売の心得いろいろ

第二章

人事の心得いろいろ

経営心得帖

第一章　経営の心得いろいろ

第二章　人事の心得いろいろ

商売心得帖

まえがき（旧版）

これまで、私が松下電器の経営にあたってきた中で、商売の心得として、その時々に話し、また書いてきたものがいろいろあります。それらをまとめたものがほしいというお声を最近ずいぶんいただくようになりました。そこでそのいくつかを選んでみました。このようにまとめて見直してみますと、結局、商売には、つぎのような基本姿勢が大切だと思いました。

つまり、仏教徒の方々の生活態度は、朝に礼拝、夕べに感謝といいますが、われわれ日々仕事に携わる者も、朝に発意、昼は実行、そして夕べに反省、こういう日々をくり返したいということです。同様に、毎月、毎年の初めに発意、終わりは反省。そして五年たったら、その五年分を反省する。そうすると五年間に実行してきたことのうち、よかったこと、よくなかったことがある程度分かってくると思います。

私自身の経験では、おおむね過ちないと思っていても、五年後あらためて考えてみれば、半分は成功だったが、半分はしなくてもいいこと、失敗だった、ともいえるように思うのです。そのように反省しつつ歩むならば、つぎの歩みを過ち少なく進めることもできるわけです。

要するに商売というものは、この発意、実行、反省が大事なことであり、私自身も、こういう基本姿勢をさらに重要視していかねばと、あらためて痛感している次第です。と同時に、この本が多少なりとも皆様のご参考になればまことに幸せです。

昭和四十八年一月十日

松下幸之助

第一章

商売の心得いろいろ

世間は正しい

日々の商売を力強く進めていくために大事なことの一つは、いわゆる世間というものを信頼することだと思います。世間とはいったいどういうものであるかということについては、人によっていろいろな見方がありましょうが、私は、それは基本的にいって、いつも正しいものであり、世間の見るところは常に健全だと考えています。もし、世間の目が誤っているということであれば、たとえ自分がいかに正しいことをしていても、受け入れてもらえないかもしれません。それでは商売を進めていくについていろいろと不安が生まれてくるでしょうし、思いきって商売に打ちこむということもできなくなってきます。

しかし、ありがたいことに、世の中というものは、こちらが間違ったこと、見当はずれのことをやらないかぎり、必ず受け入れ、支持してくださるものだといえましょう。このことは、私自身、これまでのさまざまな体験を通じて、身にしみて味わってきました。だから正しいことさえしていれば、ということで、基本的には安心しています。

つまり〝正しい仕事をしておれば悩みは起こらない。悩みがあれば自分のやり方を変えればよい。世間の見方は正しいのだ。だからこの正しい世間とともに懸命に仕事をしていこう〝と考えているわけです。そこにおのずと力強さというものが加わってくるような気がするのです。

もちろん個々の場合について見れば、誤った判断、誤った処遇をされることがあると思います。いい考えをもち、真剣な努力を重ねても、なかなかこれが世間に認められないときもありましょう。しかし、長い目で見れば、やはり世間は正しく、信頼を寄せるべきものだと考えていいと思います。そう考えるところに、大きな安心感が生まれ、いたずらに動揺することなく日々の商売に力いっぱい打ちこんでいけるのではないかと思うのです。

これは規模の大小を問わず、商売を営む場合すべてに共通していえることだと思いますが、いかがでしょうか。

対立と協調と

お互い商売を進めていく上で、競争するということが非常に大事なのはいうまでもありません。それぞれのお店がそれぞれに競争相手をもち、互いに負けまいとして創意工夫を凝らし、真剣な努力を重ねるならば、そこから自他双方に、よりよい成果がより効果的に生まれてくると思います。つまり、競争が、双方の成長の原動力となり、進歩、発展の基《もとい》になると思うのです。

ただそのためには、あくまでも正しい意味の競争でなければなりません。公正な精神のもとに、秩序を重んじてなされるものでなければならないと思います。さもなければ、その競争はいわゆる過当競争になってしまって、成長、進歩をうながすどころか、かえって業界に大きな混乱を生み出すことになりましょう。すなわち、お互いが日々行う競争というものは、戦争のように相手を倒すためのものではなく、共存共栄のための競争というか、ともに成長し発展していくためのものでなければならないと思うのです。

このことはいいかえれば、お互い常に対立しつつも、それと同時に調和、協調の精神を忘れてはならないということだと思います。対立し、相争うばかりで、調和、協調することがなければ、その競争は破壊に通じることになりましょう。お互いが力に任せて対立に火花を散らしてばかりいたならば、共存共栄はもちろん実現できませんし、下手をすると共倒れということにもなりかねません。結局においては、業界全体がまったく疲弊してしまうことになり、ひいては、お客様にもたいへんなご不便、ご迷惑をおかけすることになりましょう。

したがって、お互い、日々の進歩、発展のため、適正な競争は徹底してやるけれども、絶対にそれが過当なもの、行きすぎたものにならないように心がけねばなりません。お互いの良識を高めて、常に対立しつつも協調するという姿を生み出していかなければならないと思います。

そしてそれぞれの人が商売人としての適性を備え、正しい意味の努力をしているかぎり、お店の規模の大小にかかわらず、ともに栄えていくことができるような環境を常に保持していくことが肝要だと思うのです。そういうお互いの態度、行動こそが、国家国民全体の真の共存共栄の基礎だと私は信じています。

どれほど喜ばれているか

日々の商売を進めていく上で大事なことはいろいろありますが、その一つとしてつぎのようなことがあげられると思います。それは、今営んでいる自分の店ははたしてどれくらいお得意先のお役に立っているか、どれほど喜ばれ感謝されているかということを、いろいろな角度から絶えず検討し、自問自答してみるということです。

たとえば、もしかりに自分が店をたたんでしまった場合、お得意先が〝惜しい店がやめたな〟と残念がってくださるかどうか、それだけの商売を自分が今しているかどうかということを反省、検討してみてはどうでしょう。そのような検討を絶えずくり返しつつ商売を営んでいくならば、そこから、〝自分のやり方にはまだまだ配慮が足りなかった。お得意先に対してはこういうこともしておかなければならなかった〟ということが随所に次々と出てくるのではないでしょうか。

陳列の仕方を変えるということ一つを考えてみましても、お客さんの目をひきつけて、商品を少しでも多く売るためにやるのだというのも一つの考え方でありましょう。しかし、せっかく来てくださったお客さんに好感をもっていただこう、楽しんでいただこうというところから出発していろいろ工夫してみるほうが、よりすぐれた、よりお得意先に喜んでいただける陳列の仕方が生まれてきて、結局は成果もあがることになると思います。

お互いそれぞれに、そういうお得意先大事の心に徹して、自己反省、検討を絶えず加えていくならば、そこから自分の店が存在する意義というものについての確信が生まれてくると思います。そうなれば、商売にもおのずと力強いものが湧《わ》き出てくるし、尽きざる創意工夫も生まれてきて、求めずしてお店の繁栄が達せられるということにもなるのではないでしょうか。

もちろんこうしたことは、商売を営む上において当然のことではありますが、しかし、それが当然のことであるだけに、一面、ともすれば忘れがちになるという気もいたします。その意味で、お互いあらためて二省、三省してみたいと思うのです。

販売に成功するためには

経営を進めていく上で、最も困難があろうと思われるのは、販売ということではないでしょうか。製造には、新しい発見や発明が考えられます。しかし販売には、とりわけ妙案の生まれることはまずないといっていいでしょう。各お店の販売方策のいずれをとってみても、いわゆる名案奇策と思われるものはほとんど見られません。しかも、他と相似た方策を立てながら、いっそう販売の拡充に成功しなければならないのです。

皆さんはワイシャツ一枚買うのにも、だいたいにおいて買いつけの店が心にあると思うのです。とりたてて理由はないのですが、そのことには立派な裏づけがあります。つまり、客である自分に満足を与えてくれているという感じが、好みの店を決めているのです。

そういうことを考えてみますと、販売というものを成功させるためには、いかにすればお得意様に喜んでいただけ、どういう接し方をすればご満足願えるか、ということを考えることが何よりも大切だと思います。ですから、妙案奇策のあまりない販売の世界の中で特色を発揮するために、何が基本になるかというと、結局はお互いの誠心誠意です。そして話す言葉ににじみ出る気持ちが、何よりも大切だと思うのです。

落語家の噺《はなし》は、聞いていると面白いのですが、それを文字で読んでみると、聞くときの面白味は少しも味わえません。販売にあたるのも同様であろうと思います。いかに立派な筋書きを与えられていても、それを味よく先方にお届けできるかどうかは、販売にあたる人がそれだけの訓練をみずから培うかどうかにかかっているのです。筋書きのちょっとした生かし方にも興味をもって研究すれば、それに成功するでしょう。

そしてその根底となるものが、誠心誠意だと思います。それが根底にあってこそ深い味わいも出てくるのです。誠心誠意がなければ、どんなに立派な筋書きでも、それは実を結ばないアダ花となってしまいます。

どこの会社、商店でも販売に対する基本方針がありましょうが、それはいわば筋書きであって、それを生かした味は百人百様の現われ方をします。その味は、販売にあたる人の仕事に対する熱心さ、仕事に対する努力から生まれてきます。すなわち、そういう販売の技術ともいうべきものをみずから培い、備えている人によい筋書きを与えれば、まさに「鬼に金棒」となり、販売に成功すること間違いなしだと思うのです。

笑顔の景品を

最近は、競争がなかなか激しいこともあって、個々のお店なり商店街が、それぞれいろいろと工夫を凝らし、販売を進めています。いわゆる景品つき販売というものもその一つで、多くのお店、商店街が少しでもお客さんの関心をひくものをということで、いろいろ知恵をしぼっています。その結果、はなはだしい場合は外国への招待旅行といった景品まで出ているようです。

私は、こうした景品つき販売というものは、お客さんに喜ばれることでもあるし、また商売の促進に結びつくことであれば、大いに意義のあることだとも思います。

ところで、お客さんにおつけする景品のうちで、何にもまして重要なものは何かということになったら、皆さんはどんな景品をあげられるでしょうか。

いろいろありましょうが、私はそれは、親切な〝笑顔〟ではないかと思います。もちろん、ハワイ旅行というような景品も結構にはちがいありませんが、いつもご愛顧いただいているお客さんに対して、感謝の気持ちにあふれた〝笑顔〟の景品を日ごろからおつけしていれば、あえてハワイ旅行というようなことをせずとも、お客さんはきっと満足してくださるのではないかと思います。

また逆に、そういう景品がなければ、たとえ外国旅行に招待したとしても、お客さんとのつながりは一時的なものに終わってしまうのではないでしょうか。

したがって、かりに私どもが、他のお店がただ売らんがために高額の景品をつけているからということで、その表面の姿に惑わされ、自分のところも同じような景品をつけなければならないと考えるならば、それは決して好ましいことではないと思います。結局そこからは過当競争しか生まれないでしょう。

〝あのお店はあんな、いわば常識はずれの景品をつけているが、自分のところは親切な笑顔のサービスに徹しよう〟というように、いわば〝徳をもって報いる〟方策で臨んでこそ、お客さんに心から喜んでいただけ、お店のよきファンにもなっていただけるのではないでしょうか。考え方はいろいろありましょうが、私はそう信じています。

自分の店の力を判定しつつ

お互い人間というものは、自分自身に対する評価を誤っていると、してはならないことをし、しなければならないことをしないと思うのです。そこから世の中の乱れも起こってきかねないと思います。社会に対するお互いの義務は何かというと、まず第一は、みずからを判定すること、みずからの価値というか、自分自身を正しく認識することではないかと思うのです。

これは非常に大事なことです。これは会社の経営にしても商店の経営にしても同じことです。商店の主人公が、自分の店の価値というものを正しく判断しない場合は、おおむね失敗します。隣の家が店を改造した、たくさんの人をおいた、だからおれのところもやってやろうと、こういうように考える場合もありましょうが、しかしそれだけでは失敗する場合が多いと思うのです。

それよりも、隣の店はそういうことをやっていい店である、しかし自分の店はそういうようにやってはいけない、自分の店としてはそういうことをやらないで、むしろこういうふうにやったらいいだろう、というように、自分の店に適した経営法というものを、みずからキャッチしなければならないと思うのです。自分の店の力というものをはっきり判定し、それをしっかりキャッチして、その上で商売に処していくということが、きわめて大事なことであり、またそこに個人としての責任というものがあろうかと思うのです。あの人がやったから自分もこうしよう、というのではおおむね失敗することが多いのではないでしょうか。

最近は、ある商売がちょっと儲《もう》かったら、われもわれもとその商売をするようになり、その結果、過当競争が起こってきて、お互いに倒れていくことが多いということです。これはみずからの力を判定しないで、「隣の花は赤い」といって、それに引っ張られていくようなもので、これではお互いに困るわけです。だから自分自身に対する評価、判定というものは非常に尊いものであるし、そこにまた個人の責任というものを見出したいと思うのです。

会社などの経営にしても、自分の会社の力というか、そういうものを判定して、その判定に応じた経営を進めていくところに、会社も無事に発展していくでしょうし、また会社としても分に応じて社会に貢献することができるようになってくると思うのです。

声をかけるというサービス

商売をしているかぎり、いつの時代でもサービスということが大事ですが、特にこれからは専門家でないと分からないという製品も出てきますから、いっそうサービスが大事になってくると思うのです。

実際、よく発展されるお店では、売ることについてはもちろんですが、それ以上にサービスということに心を配っておられる。特に不足や故障のないときのサービスということが大事です。

だんだん暑くなってきて、扇風機がそろそろいるようになる。そんなとき、ちょっと立ち寄って、「去年の扇風機の調子はどうですか」と声をかける。また「お納めした品物の具合はどうでしょう」ときいてみる。まあいわば〝声のサービス〟です。

これはまったくの奉仕です。それによって、すぐにどうこうというものではないでしょうが、ご需要家にしてみたらどんなにうれしく、また頼りに思われることでしょう。こういうところに、商売をする者の真の喜びを感じ、また尊さというものを自覚しなければならないと思うのです。

しかし、いざ実行ということはなかなかむずかしい。通り一遍の心がけだけでは、なかなかできるものではありません。

お店のご主人は、みずからこれを強く自覚するとともに、お店の人々にも、常住坐臥《ざが》、何度も何度もこのことを訴えていかなければならないと思います。多数の店員さんがいる場合はもちろんのこと、たとえ一人の店員さんしかいない場合でも、訴え、要望し、実行していかなければならないと思うのです。

そうしていくことによって、そのお店は必ず繁栄すると思います。第一、こういう心がけのお店では、商品をお納めしたとき、その取り扱いの説明も懇切にされるでしょうし、また故障する前に手入れも行き届く。そこでお客さんの苦情も少なくなり、喜ばれる。

もちろんこうしたサービスは、販売店さんだけでなく、問屋さんやメーカーも加わって、三者がガッチリ協力してやらねばならないと思いますが、何といっても直接ご需要家に接しておられる第一線の販売店さんの役割というものは、非常に大事だと思うのです。

魂を入れた値段であれば

先般、私どもの製品を販売していただいているお店の方と話をしたのですが、こういうことを言われるのです。「自分の店もお宅の製品を販売しているが、他の店でも販売している。だから他の店で一万円であれば、自分のほうも一万円で売らなくてはならないということになる。そうなると、やはり安く売るところに律せられて値段を下げざるを得ない」。

私はそれを聞いて、一面もっともだという感じがしました。しかし、私は、そこがいちばん大事なところではないかという話をしたのです。

つまり、価格というものは、サービスとか配達とかいろいろな便宜だとか、そういうものを総合した価値判断によって決めるべきで、よそがいくらだからうちはいくらというようなことではほんとうの商売はできないと思うがどうですか、ということをお話ししたのです。そうすると、「それでもよそが安くするのに……」というようなことを言われる。

それで私は、「そうすると、あなたのお店は、魂はタダですか」と言ったのです。「私であれば、よそで一万円のものを、場合によっては一万五百円で売ることに決めます。するとお客さんが『なぜよそより高いのか』ときかれる。そのときに、『同じ製品ですが、私のほうはお添え物があるのです』『何を添えてくれるのですか』『私どもの魂を添えるのです』と申しあげたらいいと思うのです。そのように、あなたのお店の魂をプラスして価格を決定することが必要だと思いますが、いかがでしょうか」と。

そうすると、「なるほど、そこまでは考えていなかった」というわけです。

「私は、価格で競争するということが第一になっていました。が、いまお話を伺って、なるほど自分の店の総合した魂というか奉仕、そういうものが価格に計算されなくてはならない、それを無料にすることはできない、それを加算したものが価格なのだということが、よく分かりました。つまり、いかなる商品であっても、私の店のものは私のほうで値段を適当に決めるのだ、それは安売りをしているところよりも高いという場合もある。その、高いという場合には、自分の魂料が入っている、店の信用保証料が入っている。だから、何かのときに私のほうは責任をもちますよ、ということを堂々と主張できるような商売でなくてはならないということですね」

と、非常に共鳴して、その後、力強く商売にあたって顧客にも喜ばれつつ成果をあげておられます。

商売冥利

商売を始めてまもないころ、ある先輩の方から、こんな話を聞きました。

ある町に立派なお菓子屋さんがありました。そこに、ある日一人の乞食が、まんじゅうを一個買いに来たのです。しかし、そういったいわばご大家ともいわれるそのお菓子屋さんに、たとえ一個にしろ乞食がまんじゅうを買いに来るというのは、これは珍しいことだったのです。それで、そのお店の小僧さんは、まんじゅうを一個包んだのですが、なにぶん相手が相手だけに、ちょっと渡すのを躊躇《ちゅうちょ》しました。

すると、そこのお店のご主人が声をかけたのです。

「ちょいとお待ち、それは私がお渡ししよう」

そう言って、そのまんじゅうの包みを自分で乞食に渡し、代金を受け取ると、「まことにありがとうございます」と言って深々と頭を下げたのです。

乞食が出ていったあとで、その小僧さんは不思議そうに尋ねました。

「これまでどんなお客様がみえても、ご主人がご自分でわざわざお渡しになることはなかったように思います。いつも私どもか番頭さんがお渡ししておりました。きょうはどうしてご主人ご自身でお渡しになったのですか」

そうすると、ご主人はこう答えたのです。

「おまえが不思議に思うのももっともだが、よう覚えておきや。これが商売冥利《みょうり》というものなのだ。なるほど、いつもうちの店をごひいきにしてくださるお客様は確かにありがたい、大切にせねばならん。しかし、きょうの人の場合はまた違う」

「どう違うのですか」

「いつものお客様はみなお金のある立派な人や。だからうちの店に来られても不思議はない。だがあの人は、いっぺんこのうちのまんじゅうを食うてみたいということで、自分が持っている一銭か二銭のいわばなけなしの全財産をはたいて買《こ》うてくださった。こんなにありがたいことはないではないか。そのお客様に対しては、主人の私みずからこれをお渡しするのが当然だ。それが商売人の道というものだよ」

これだけの話ですが、何十年かたった今でも、はっきり頭の中に残っています。そして、このようなところに商売人としての感激を味わうのが、ほんとうの姿ではないかという気がしているのです。

自分一人の商売ではない

自分の商売は自分のもので、だからすべて自分一人の力でやっていけるように思いがちですが、実はこれはとんでもない錯覚です。つまり、自分のものであって、ほんとうは自分のものでないというところに、商売の一つの真実があるような気がするのです。お得意様があればこそ、仕入先があればこそ、ということは一応だれしも考えるから、これになんとか報いようとする。それはそれで結構です。

しかし、まだまだほかに、考えねばならないことがたくさんあるようです。

たとえば、道路一つをとってみても、かりにこれがなかったとしたらどうでしょう。毎日毎日いやというほど公共の道路を使っていますけれど、この道路がなかったら商売はたちまちお手上げです。そうすれば、別にありがたいと思わず使っている道路にも、ほんとうは報いなければならない。どうすれば報いられるか。それはつまり、われわれが税金を納めて、その税金で保全改良をはかるほかないわけです。そして、その税金を納めるためには、お互いに利潤をあげねばいけないということになるのです。みんなが利潤をあげず、したがって税金も納めず、しかも道路はてんでに使いっぱなしになったら、道路はたちまち荒廃して、結局みんなが困ってしまいます。

道路だけではありません。ほかにもお互いに公共の施設や機関をずいぶん利用していいます。また警察、消防などの治安の面でいろいろと国家公共の保護を受けています。これらの保護、助けあればこその商売と思えば、やはり懸命に利潤をあげて税金を納め、これに報いなければなりません。

ここに思いをいたせば、お互いに商売をしているかぎり、ムダを省き能率を高めつつ、適正な利潤をあげるということは、これは国民としての一つの尊い義務でもあり、責任でもあるわけです。電話をかけるのでも、五回のところを三回ですます方法はないかと工夫して三回に減らす。また商売上知らず識らずに生ずるムダや浪費を省くことに努める。そういうように工夫して経費を少なくし、利潤をあげるよう努力していかなければならないのです。このことを自分も正しく自覚し、お客様にもご理解願って、適正な利潤を承認していただかねばならないと思うのです。商売は結局お互いのためなのです。これは非常に大事なことだと思うのですが、いかがでしょうか。

総合病院と町のお医者さん

世の中の進歩につれて、どんな分野でも専門細分化ということが行われるようになってきました。医学などもその一つの例で、今日ではいろんな分野に分かれ、それに伴って、そうしたものを網羅し、高度な器具、施設を備え、たくさんの病床をもった大きな、いわゆる総合病院が多くなってきました。

けれども、そうした総合病院だけでこと足りるかというと、決してそうではありません。その何十倍という数の町のお医者さんがあって、それぞれに多くの患者さんを診ているわけです。

精密な検査がいるとか、大きな手術だとか長期の療養を要するとか、そういう場合には総合病院に行くけれども、日常のちょっとした病気やケガは近所のお医者さんに診てもらう。いわゆるかかりつけのお医者さんで、一人ひとりの患者の体のことをよく知っているし、場合によっては往診もしてもらえるわけです。

また、そういうお医者さんは、日ごろから健康のことについて助言してくれますし、健康以外のことでも相談役になってくれます。いわば家庭のよろず相談役というわけで、総合病院ではできない大きな役割をしてくれると思うのです。

そのように総合病院と町のお医者さんとが両方あり、それぞれの役割を果たしているから、社会全体としての医療がスムーズにいっているわけです。

こういう姿は、なにも医療の場合だけでなく、お互いの商売についてもいえることではないかと思います。たとえていえば、百貨店だとかスーパーマーケットといった、そこへ行けばいろんな商品がそろっているというところは、これはいわば総合病院、それに対して、個々の商店は町のお医者さんということになりましょう。

そのように考えてみれば、お客様の立場としては、どちらにしてもそれぞれのよさがあって、両方ともなくてはならないものだということになります。百貨店やスーパーに行けば、いろんなものが一度に買えて便利である。一方、近所のお店は、何といっても近いし、気心も知れていてこちらの好みも分かっている。それに、場合によってはお店がしまってからでも頼めば届けてもくれる、ということになります。だから、そういう商店としては、そのようなお店の役割を十分考えて、お客様とほんとうに密接に結びついた、お客様に喜ばれる血のかよったサービスをしていくことが何よりも大切ということになるでしょう。

そして、こういう商店の役割を大切にするということは、社会全体として、いわゆる流通問題を考えていく上でも大事だと思うのですが、いかがでしょうか。

新しい時代の値段

商売の仕方にもいろいろありますが、いわゆるかけひきをもってお客さんに相対するということも、昔からある方法の一つだと思います。たとえば、お客さんからある商品の値引きを要求されたとき、適当にかけひきしてお客さんにはこちらが損をしたように思わせながら実は儲けるといった商売をすることも、一面少なくないと思うのです。しかし考えてみますと、これは、徳川時代ならいざ知らず、今日ではいささか時代遅れの好ましくない考え方というべきではないでしょうか。

やはり今日では、商人は自分の信念なり事業観にもとづいて適正利潤というものを確保し、顧客を大事にしつつ商人としての社会的責任を果たしていくことが肝要で、それが社会共通の繁栄に結びつく望ましい姿だと思います。そして、そうした望ましい商売をしていくためには、適当にかけひきをして値段をまけるというのではなく、最初から十分勉強した適正な値段をつけて、それは値切られてもまけない、逆にお客さんを説得し、納得していただくというようなことでなければいけないと思うのです。

その方法で成功している最も顕著な例が百貨店だと思います。今日、百貨店で値を引いてくれと言う人はありません。しかし、もし百貨店が、一つひとつの商品についていちいち値引き交渉に応じるというような商売をしたとすればどうでしょうか。非常な手間と時間がかかって、店員を現在の三倍も必要とするかもしれない。それでは経費が高くついて、結局商品を高く売らないと採算がとれないというようなことになりましょう。

これは百貨店だけでなくスーパーでも同じことで、一つひとつの商品について、いちいち店頭でかけひきが行われたら、お客さんも安心して買い物ができませんし、スーパーも人手や経費が何倍もかかって、たちまち成り立たなくなってしまいます。つまり、今日の百貨店やスーパーは、商品を適正価格というか、いわゆる定価で売るということによって、その生産性を高め、真にお客さんのためになる商売をすることができているというわけです。

一般の商店の場合も、こうした姿が全国的に行われたら、お互いの活動がどんなに能率的になることでしょうか。ですから〝あの店にはかけひきはない。しかし、値を引いた以上に価値あるサービスを長年にわたってしてくれるし、非常に親切だ〟というような評判をお客さんからいただくような商売をしていくことが大事だと思います。それが今日にふさわしい合理的な商売の仕方であり、そうした商売を力強く行なってこそ、お客さんに真の奉仕もでき、お店自体の繁栄もはかれるのではないでしょうか。

お得意を広げる

お得意を広げたい、今百軒あるお得意先を百十軒に増やしたいということは、商売をしているかぎりだれもが望むことでありましょう。

しかし、ひと口にお得意を広げるといっても、それは決してたやすいことではありません。そのためには、やはり日ごろからいろいろな方策を考え、それを力強く実施していく努力を重ねなければならないのはいうまでもないでしょう。

ただ、その一方では、日ごろ一生懸命商売に打ちこんでいれば、お得意先が求めずしてひとりでに増えるということもあり得ると思います。

というのは、自分の店のお得意さんが、特に頼まなくても、みずから他のお客さんをみつけて連れてきてくださるということも、考えられるのではないかということです。たとえば、いつもごひいきいただいているお得意さんの一人が、その友人につぎのように話されたとしたらどうでしょうか。

「自分はいつもあの店で買うのだが、非常に親切で感じがいい。またサービスも行き届いているので感心している」。それがその人の実感から出たものであれば、友人は「君がそう言うのなら間違いないだろう。ぼくもその店へ行ってみよう」ということになりましょう。その結果、お店を訪ねてくださる。商売をしているほうとしては、みずから求めずして、ひとりでにお得意さんを一人増やす道がひらけるということになるわけです。

そうしたことを考えてみますと、日ごろ商売をしていく上で、お得意さんを増やす努力を重ねることはもちろん大切ですが、現在のお得意さんを大事に守っていくということも、それに劣らず大切だということになると思います。

つまり、極端にいえば、一軒のお得意を守りぬくことは百軒のお得意を増やすことになるのだ、また逆に、一軒のお得意を失うことは、百軒のお得意を失うことになるのだ、というような気持ちで、商売に取り組んでいくことが肝要だと思います。

よしみを通じる

お店にお客様がみえたとします。これこれの品物がほしいのだが、と言われる。ところがあいにくなことにその品物の在庫がない。そういうときに、どう返事をするか。

「どうもすみません。切らしております」だけではいかにもあいそがない。「今切らしておりますが、すぐ問屋さんに注文して、あすには必ず取り寄せます」と言えば、お客様も多少は得心されるでしょう。

しかし、なかにはこういう方もおられると思います。「うちにはありませんが、どこそこのお店にはあるかもしれません」と言って近くのお店を紹介する。あるいは電話をかけて尋ねてみるということです。そのようにすればお客様も喜ばれ、〝親切なお店だな〟という感じをもたれると思います。品物を切らしたことが、かえってお店の信用を高める結果になり得るわけです。

しかし、これは相手のお店と仲が悪くては、やりたくてもちょっとできにくい。やはり、日ごろから近所の同業者どうし仲よくしておくというか、いわゆる〝よしみ〟を通じておくことが大事だということではないでしょうか。

最近はたいへん競争が激しくなってきました。だから、同業者どうし、ともすればお互いを競争相手としてばかり考えるということも起こってくると思います。もちろん競争意識をもつことは必要でしょう。しかし、考えてみれば、だれも相争うために商売をしているわけではありません。だから一方で適正な競争をしつつも、同じ道に携わるお店どうし、お互いによしみを通じていくことが大切になってくると思うのです。

近所に新しく同業のお店ができたからといって、目にカドをたてるのでなく、おおらかに迎える。新しいお店のほうも、先輩に対し謙虚な気持ちでいわば〝仁義〟をきる。そういう好もしい姿は、お客様のお店全体に対する信用を高めることになるでしょう。だから、同業者とよしみを通じていく心は、お客様を大事にする心であり、お店の繁栄に結びつく心だと思うのですが、いかがでしょうか。

お得意先はわが親戚

　結婚シーズンともなれば、かわいいわが娘を嫁がせなければならない親御さんも少なくないことでしょう。とにかくすこやかに、幸せに育ってほしいと念じつつ、一心に手塩にかけてきたわが娘、その娘が立派に成人していま新しく自立の道への第一歩を踏み出す。そんな娘を眺めるとき、両親の胸のうちには、娘を手放す寂しさ、末長い幸せを祈る気持ち、縁あって新しい親戚《しんせき》を得た喜びなど、万感迫る思いとでもいったものが去来しているにちがいありません。

　そして、嫁がせたあとは、今度はその嫁ぎ先のことがいろいろと気になります。〝婚家のご家族に気に入られているだろうか〟〝元気に励んでいるだろうか〟といったことがついついつまでも案じられる。それが世の親の常というものでしょう。

　私どもの商売についても、これと同じことがいえるのではないでしょうか。つまり、私どもが日々扱っている商品は、いうなれば長く手塩にかけたわが娘のようなものと考えられます。だから、商品をお客様にお買いいただくということは、自分の娘を嫁にやるのと同じことで、そのお得意様と自分の店とは、新しく親戚になったことになる。かわいい娘の嫁ぎ先がお得意様であるということになると思うのです。

そう考えますと、そのお得意様のこと、またお納めした商品の具合などが、おのずと気にかかってくるのではないでしょうか。

〝ご家族の方が気に入って使ってくださっているだろうか〟とか、〝故障していないだろうか〟とか、さらには〝近くまで来たついでに、ちょっとお寄りして様子を伺ってみよう〟というように、自分の娘の嫁ぎ先に対すると同じような感情が、自然に湧き出てくるといえましょう。

そういう思いで日々商売に取り組んでいくならば、お客様とのつながりにも、単なる商売を超えた、より深い信頼関係というものが生まれてきます。そうなればお客様にも喜ばれ、ひいてはそれがお店の繁栄にもつながってくると思うのです。

お互い、商品を自分の娘と考え、そこからお得意先をわが親戚、身内と感ずるまでの思いに立って、毎日の商売を営んでいるかどうか、あらためて考え直してみたいものです。

お得意先の仕入係になる

　商売をするには、自分の扱う商品を十分吟味し、自信をもって販売することが大事であることはいうまでもないでしょう。ただその際の心がけとして、単に商品を吟味するというのではなく、買う人の身になってというか、いわばお得意先の仕入係になったつもりでこれを吟味することが大事だと思います。

　仕入係というものは、必要に応じて品物を購入するのが仕事です。それも品質はどうか、値段はどうか、量はどれくらいか、いつ仕入れたらよいか、というようなことを一つひとつ検討しながら、なるべくその会社や商店の益になるようにもっていくところに、仕入係の役目があるわけです。

　だから、自分はお得意先の仕入係だと考えれば、お得意先は今何を必要とされているか、どういう程度のものをどれほど欲しておられるかということを察知しつつ、そういう目で商品を吟味して、お得意様の意にかなうようにお勧めしなければなりません。ちょうど奥さんが、晩のオカズを買いに来て魚屋さんの店先であれこれ物色しているうちに、魚屋の主人が、その奥さんの要望を察しつつ、「奥さん、これはどうです。この魚は今が食べごろ、値段も手ごろ、ご主人にもきっと喜ばれますよ」という具合に相手の好みにピタッと相応ずる品を選んで勧めれば、いっぺんに決まってしまう。奥さんも気持ちよく買い物ができるし、店も繁盛するというわけです。

魚屋さんに限らず、他のお店も、これは同じことではないでしょうか。

ただ仕入係というものは、仕事に忠実なあまり、ただ安ければいいということで、得して品物を何でも値切って安く購入しようとしがちです。これは人情として一面やむを得ませんが、しかし私は、それは必ずしもよくないと思っています。というのは、商売というものは、ほんとうは売るほうも買うほうも双方が喜び、双方が適正な利益を交換するというかたちでやらないと長続きしませんし、それは結局はお互いのためにならないと思うからです。だからお得意先の仕入係としては、一方ではそういう正しい商売道に立ちつつ、お得意先の身になって商品を吟味することが大事だと思うのです。

業界の安定は共同の責任

どんな商売でもそうでしょうが、お互いのお店が力強く発展、繁栄していくためには、そのお店の属している業界全体が常に健全で、世間の人々から信用されているということが大事だと思います。「あの業界は信頼できる業界だ。どこの店へ行っても、よい品を適正な値段で売っているし、お客に対するサービスもいい。だから安心して買い物ができる」といわれるような業界であってこそ、お客様にも喜ばれつつ個々のお店の商売もほんとうに繁盛するのだといえましょう。

そのためには、その業界に属する店がそれぞれに健全で、お客様に信用されるものでなければなりません。もしそうではなく、業界の中に不健全な店が多ければ、「あの業界はダメだ。信用できない」ということになって、業界全体としても共同の大きな損害を受けることになってしまうと思うのです。

そういうことを考えてみますと、お互い商売を進めていく上で、自分の店を健全なものにしていくことがまず第一に大切なのはいうまでもありませんが、それと同時に、他のお店ともうまく協調して、業界全体の共通の信用を高めるということも配慮していかなければならないと思います。もちろんそうはいっても、他のお店と仲よくすることのみにとらわれて、互いに競争するという姿が生まれてこないということではいけません。そういう競争のない状態からは、業界の進歩、発展というものはやはり生まれてこないでしょう。

ですから、お互い、正しい意味での競争、秩序のある対立というものは大いに行わねばなりませんが、その対立、競争の中に調和を見出していく。つまり対立しつつ調和することによって、自他ともの健全化を考え、同時に業界全体の信用を高めることを考えていくことが肝要だと思います。

そのように業界全体が世の人々から頼りにされることが、新しい時代における業界のあるべき姿である。またそういう姿をお互いが協力して実現していくところに、商売人としての一つの尊い務めもあると思うのです。

二十人の小僧さんの顔

私が自分で物をつくって商売を始めたころ（大正時代後期）、初めて東京へ売りに行ったのです。東京の問屋さんを回って、あなたの店で買ってくれませんかとお願いし、品物を見せました。すると、「これはいくらだ」と言われる。「十五銭です」「十五銭か、それは相場だな。しかし君、同じ値段なら、東京のものを買う。大阪からわざわざ買うなら、もっと安くなければいけない。だから十四銭にしろ、十三銭にしろ」というように問屋さんがおっしゃる。

一応無理からぬことです。しかし私は、相場であれば相場で買ってもらうことが正しいと思って、「まあそうおっしゃらずに、高ければ考えますけれども、だいたい相場であれば買ってください」、こういうように言いました。ところが、「やはり初めて来て相場で売るというのは虫がよすぎる、だから一銭でも安くしろ」ということを強く言われる。それで、私はもっともだなという感じがして、十四銭にしようかと思ったのです。

ところが、しようかなと思ったとたんに、ふと感じたことがあったのです。その時分はということで私を送り出してくれたわけです。小僧さんばかりですが、初めて東京へ売りに行くということで私を送り出してくれたわけです。その人たちの顔がポッと映った。それで、十五銭で売るという品物は、自分の感情だけで値段を決めてはいけない、みんなが汗水たらしてつくってくれたものだから、その人たちの努力というものを、自分の一存で左右することは許されない、というような感じがしたのです。

それで、私はまた強く頼んだのです。「まあご主人、そうおっしゃいますけれども、これはわれわれが一生懸命夜なべをしてつくったのです。素人も中にあって一生懸命つくったのだから、ひとつお願いしたい」、こういうことを頼んだのです。それで結局買ってくださったわけです。七、八軒の問屋を回って、少ない数ですけれども全部売れたのです。

その後東京へ行くたびに、新しい商品を持っていくと、やはり値段をいちいち交渉されるわけです。けれども私はいっさいまけないことにしました。

そうすると、安くしろとも言わずに頭から買ってくれません。そこで値段を最初から真剣に考えて、できるかぎり安く、そして安定した値段にするということになるわけです。ここに非常なむずかしさがあって、値段をつけるのに人一倍苦心しました。その結果、つけた値段は、人に〝なるほど妥当な値段だ〟と認めてもらえるようになったのです。

商品を大切に

商売というものは、大きくやっていようと小さくやっていようと、事の原理というものはみな相共通しているように思います。

たとえば、商品を大事に扱うということ、これもその一つです。人間というものは妙なもので、ここにかりに千円札があるとしますと、これは決して粗雑に扱いません。金《かね》はやっぱりサイフにキチンとしまうか、タンスに入れるか、金庫に入れるか、ともかくほったらかしにはしません。命のつぎに大事なもののように扱います。

ところがこれが商品となると、なんとなく粗雑になってくる。千円の値うちのある商品は、これは千円札と同じなんだというほどの思いがない。だからついほったらかしにする。埃《ほこり》もかぶったままで、キチンと整理もせずに、店のすみで軽くあしらわれてしまうというようになりがちです。実はここのところが非常に大事なのです。私の経験からいうと、こういう扱い方をする傾向の強いお店ほど発展していません。

もちろん例外もあるでしょうし、いちがいにはいえませんけれど、まずだいたいはこうしたものです。反対に、商品は金と同じだ、金を生むもとになるのだという思いで、大事に管理し、陳列し、いつもきれいにしておくというような細かい心配りをしているお店は、概して発展しているようです。

私の知っているある代理店さんのご主人が、なんとか小売店さんの繁栄策を考えたいというので、店をしまってから毎夜、お得意先の小売店さんを、二、三軒ずつ回られた。そこで何をされたかというと、まずお店の乱雑を整理しましょうと強く説いて、あたかもそのお店の番頭さんみたいに、商品の整理から陳列、掃除にいたるまで、細かく世話して回られたということです。

これを半年ほど続けられると、その熱心さにほだされたというのでしょうか、小売店さんの奥さんまでが、これはもっと自分の手で率先して大事に、きれいにしなければいけないという思いになってこられた。そして、だんだんと陳列も変わってきた。自然、小売店さんの商売も上向いてくる。それがまた自分の商売のプラスになってきたというのです。

何でもないことのようですが、まあこれが商売の一つのコツというものです。大きくとも小さくとも、商売をやっている以上は、扱っている商品は、これは金と同じだという思いで、大事にしたいものです。

まずサービスから

今日、人と人とのあいだになんとなくうるおいが乏しくなってきたように思われる一面がありますが、それだけにサービス精神という潤滑油が、もっともっと強く求められなければならないように思います。つまり今日の時代こそ、まずサービスからかかれ、ということになると思うのです。

そのサービスを適切にやっていくかいかないかによって、他の人々が満足されるかどうかが決まってきます。そして満足されるかどうかということによって、支持してくださるかどうかということに結びつき、繁栄するか繁栄しないかということに結びつくと思うのです。

商売に携わる人はもちろん、すべての人は、サービス精神にこと欠いてはならないと思います。友人に対してもサービス。自分の会社、商店に対してもサービス。そして、顧客に対しても、社会に対してもサービスです。いっさいがサービスから始まるというように考えていいと思うのです。

会社や商店に勤める方々は、自分の会社、商店に対するサービスがいちばん手近です。しかし、そういったサービスというものをはっきり心得ている人はあまり多くないようです。国と国とのあいだにおいても、サービスを怠る国は落伍《らくご》する国です。落伍しないまでも人気を落とす国です。今はそういう時代です。そういう時代に立っているお互いが、手近なサービスを忘れてはおかしいと私は思うのです。

ひと口にサービスといっても、その内容はいろいろありましょう。笑顔をもってサービスする場合、礼儀をもってサービスする場合、あるいは働きをより正確にすることによってサービスをすることもありましょう。

廊下で会っても礼一つしないようなことではサービスになりません。見知らぬ人であって、お得意さんかどうか分からなくても、とにかく一応頭を下げて会釈する、これは人間としての一つの心得です。イヌやネコはそういうことをしないでしょう。見知らぬ人であれば吠《ほ》えたり、かみついたり、黙って逃げたりするでしょう。人間であるならば、自分の勤める会社に来た人に対しては、何らかの関連がある人だから、ちょっと笑顔で会釈をして通るということ、これはサービスです。サービスというのは、人間としての正しい礼儀だと思うのです。

名君と忠臣

今から二十二年前（昭和二十六年）、私が初めてヨーロッパへ行ったときのことです。ある大きな会社の社長さんからこんな話を聞きました。

「松下さん、私は、消費者というものは王様であり、われわれの会社はその王様に仕える家来だと考えています。だからわれわれは、王様である消費者が言われることは、たとえどんな無理でも聞かなければならない。それがわれわれの務めである。そういう方針で仕事をしているのです」

〝消費者は王様〟という言葉は今でこそわが国でもよくいわれますが、なにしろ二十二年も前のことです。私の耳には非常に新鮮に響きました。〝なるほど、確かにそのとおりだ。非常に徹した考え方だな〟と感心しました。

しかし、それと同時に、私はつぎのように考えました。昔から王様が家臣や領民のことを考えないと、家臣や領民は喜んで働く意欲を失ったり、ときには窮乏に瀕《ひん》したりする。その結果、国も困窮してしまった例も少なくない。結局、王様がほしいままに行動すれば、やがては王様自身が困るということにもなります。

だから王様の言われることを、何でもご無理ごもっともと聞くことも一つの忠義の表われかもしれないが、真の家臣であるならば、王様が間違ったことをしないように、ときには忠言しつつ忠勤を励まなければならない。そのためには、王様の立腹を覚悟の上で苦言を呈さねばならないこともあると思います。そのように王様に思いやりある名君になってもらうよう努めてこそ、ほんとうに王様のためを思う忠臣であり領民だといえると思います。

最近は、特に消費者としての立場がますます重視されるようになってきて、まことに好ましいことだと思いますが、それだけに、ここでいま一度、〝消費者は王様である〟ということのほんとうの意味を味わってみたいと思います。そして、ともどもに名君となり忠臣となって、国家社会の真の繁栄をはかっていきたいものだと、そう思うのです。

お得意先と仕入先のことが気になって

別のところ（68ページ）で〝商品を大切に〟ということを申しましたけれど、これは要するに〝商売を大切に〟ということと相通ずるところがあると思います。つまりお互いに、もっと商売というものを大事にしなければならない、もっと商売というものに身を入れなければならない、ということと同じことなのです。

もちろん商売をやっているかぎり、だれもこれを好んでおろそかにしている人はありますまい。みんなそれぞれに懸命にやっている。しかし、ほんとうに身を入れてやるということは、これはなかなか容易ではありません。

たとえば、商売をしているからにはお互いに儲けなければならない。これは当然のことです。しかしただ単に、儲けさえすればよいのだ、という程度の考えだけではいけないと思うのです。一歩進めて、いったい何のために儲けねばならないのか、というところまで真剣に考えておかなければなりません。儲けることの真義とでも申しますか、そこまで考えて、はっきりとした信念をもっておかないと、商売にほんとうの力が湧いてきません。

一般に国家社会を論ずれば、なんとなく格調高いものに思うけれども、商売を論じ儲けを論ずるというと、一段下の問題みたいに思ってしまう。これはたいへんな間違いです。商売や儲けを論ずるということは、実は国家社会を論ずるのと同じことなのです。つまり商売というものは、ほんとうは非常に格調の高いもので、だからお互いに自信と誇りをもって、もっと格調高い商売をしなければならないと思います。

こういう思いで商売を大事にし、商売に身を入れていると、自然とお得意先と仕入先のことが気にかかってくる。お得意先と仕入先を抜きにして商売というものは成り立ちませんから、お得意先と仕入先のことが気になって、じっとしていられないような思いになるものです。そして、あのお宅のあの製品にはもう油をさしてあげなければいけないとか、このお家にはこの新しい製品をお勧めしてみようかとか、あれこれと頭に浮かんでくる。自然、仕入先にも、いろいろと積極的な意見が出てくるようになります。

もしも、お得意先と仕入先のことが絶えず気になるということがないとすれば、商売はやらないほうがよろしい。きついことを言うようですが、ほんとうは寝ても覚めてもというところに、身を入れた商売というものがあると思うのです。

お得意先のありがたさ

松下電器の五十数年の歩みの上には、いろいろなことがありました。喜びもあり、つらさ、困難さをしみじみと味わったこともありました。それらをふり返って考えてみますと、非常に感慨深いものがあります。

そしてそういう感慨深いものを考えるにつけ、思い出すことはその時々のお得意先のありがたさというものです。

あす支払う金がない、品物がたまって売ることが困難であるというようなときに際しても、思い出されるのはやはりお得意先です。そのようなときに、力の手を、助けの手をさしのべてくださるのは、お得意先でした。

昔、大阪の町人、江戸の町人において、お得意先の方向には足を向けて寝てはならないということが、お店《たな》の教えとして長年にわたって伝えられていることは、商店の一つの通則として、いろいろな書物に書き残されています。これは皆さんもご承知のとおりです。

昔の人は、自分の店の今日あるのは、結局は自分の店をごひいきくださるお得意先のおかげであるということで、足を向けてはいけないぞ、足を向けて寝てはもったいない。また、ジャンと半鐘の音を聞いたならば、何はともあれ駆けつけてお助けしなければならない。それが江戸時代の町人の心意気であったと、書物その他において伝えられています。

私自身におきましても、いろいろな困難に直面したときに思い出されるのは、結局そのことです。お得意先ほどありがたいものはないということを肝に銘じて感じております。

今日といえども、人情の機微に変わりはございません。いわゆるごひいき筋のありがたさ、ファンのありがたさというものは、損得を超越してひいきにしてくださること、そしてその人を立派な、奉仕できる力をもつ人として育てあげようとしてくださることです。またそういうところにこそ、ひいきの真髄があろうかと思うのです。

呼びかける

商売の仕方というものは、時代とともに徐々に変わっていくものだと思いますが、今日の商売では、昔と比べて、〝お得意先に呼びかける〟ということの必要性が、ますます高まってきているような気がします。つまり、数年前までは、主にお店に来られたお客さんにいろいろと説明をしながら商品をお勧めして、それをお買いあげいただくということで商売が進んでいました。しかし最近は、もっと能動的に商売するというか、逆にこちらがお得意先をお訪ねし、積極的にお勧めして需要を獲得していくということが非常に大切になってきていると思うのです。

自分が商売をしていて、〝これはよい品物だ。使えばほんとうに便利だ〟というものをみつけたとする。そのときに、〝早くこれをお客さんに知らせてあげよう。そして喜んでいただこう。それが商売人としての自分の務めだ〟というように考えてお得意先を回り、力強い呼びかけをお客さんに行なっていく。それがきわめて大事だということです。

もっとも、同じお得意先回りにしても、〝それをしたほうがよく売れるし儲かるからするのだ〟という考え方もできると思います。そして、そういう考え方で行なっても一応の成果をあげ得るとは思います。しかし、それではほんとうに世のため人のためになる真の商売というものは成り立たない。真の商売をするためにはやはり、自分が〝これはお客さんのためになる商品だ〟という確固とした信念をもって、お客さんに力強く呼びかけ、訴えていくということでなければならないといえるでしょう。

そういう呼びかけをするならば、お客さんもおのずとその熱意にほだされ、一度使ってみようかということになる。また実際それを使ってみれば、非常に便利でお客さんは喜ばれる。その結果、〝あの人はなかなか熱心だ。勉強家だ〟ということでお客さんの信頼が集まり、自然、商売も繁盛していくことになると思います。要はそういう呼びかけを喜びの気持ちをもって行うこと、そこにこそお客さんにも喜ばれ、世のため人のためになる真の商売を成功させる一つの大きなカギがあるのではないでしょうか。

商品を発意する

商売は、商品を仕入れてそれを販売し、お得意様の用に供するということで成り立っています。しかし商品を仕入れて売るだけが商売の道かといえば、それは決してそうではありますまい。私はそこにもう一つ、商売人として非常に大切なことがあるように思います。それはどういうことか。ひと言でいえば〝商品を発意する〟ということです。

つまり、ただ商品を売買するだけではなく、その商品についてみずからいろいろと考え、〝この商品はここをこう改善したほうがもっとよくなる〟とか、あるいは〝こんな特徴のある新製品をつくったらどうだろう〟ということを商人としての立場で発意し、それをメーカーに伝えるということが大切だと思うのです。

もちろん、商品をつくるのはメーカーの役目です。新製品の開発にしても、メーカーがその研究所で行うのが当然と考えられます。ですから、商人はそこでできた商品を仕入れて売ればそれでよいとも一応は考えられます。

しかし、商売をしている人には、その商品を買って使われる人の立場というものがいちばんよく分かります。ご需要家の皆様が商品について日ごろ抱いておられるご不満、ご要望というものを聞く機会がいちばん多いのが商人でしょう。したがって、真にお客様の要望に沿った商売をするためには、そのご不満なりご要望なりを聞きっぱなしにすることなく、それを十分に咀嚼《そしゃく》し、商人としての自分のアイデアを考え出す。それをメーカーに伝えて改善、開発をはかるよう強く要望していくということがやはり大切だと思います。そうしてこそはじめて、社会に真に有益な、ほんとうの商売というものが可能になるのではないでしょうか。現にアメリカで商売をしている人の中には、そうした発意をしてメーカーに力強く要望をしている人が多くいます。私はそれは、新しいものが次々と生み出される上で一つの大きな導きになっていると思います。

こうしたことは、実際にはなかなかむずかしいことだと思いますが、しかしそこまで考えるところに真の商売の妙味というものがある。また同時に、ご需要家からもメーカーからも信じられ、頼りにされて商売がますます発展していく道の一つがあるのではないかと思うのです。

不景気だからこそ

この世の中というものは、お互い人間がつくりあげているもので、したがって景気不景気というのはまったくの人為現象で、自然現象ではありません。ですから好不況というものは、本来あり得ないものだということになるのですが、それでも現実に不景気ということが起こります。商売をしている身にとっては、これはなかなかたいへんなことで、大いに心配されるところです。

しかし、不景気にはまた不景気に対処する道がおのずからあると思うのです。たとえば〝不景気もまたよし、不景気だからこそ面白いんだ〟という考え方が、一面できないものでしょうか。〝世間が不景気だから、自分の店が不景気になるのも仕方がない〟とあきらめたり、あるいは〝困ったことだ〟と右往左往すれば、お店はその予想のとおりになりましょう。しかし、〝不景気だからこそ面白いんだ、こんなときこそ自分の実力がものをいうのだ〟と考えて、さらに商売に励むならば、そこには発展、繁栄する道がいくらでもあると思うのです。

たとえば、昨年は忙しくてほうっておいたアフターサービスを、この際徹底的にやろうとか、お店の整備を積極的にはかろうとか、いわゆる甘い経営を排していろいろな方策を考える。それも、他力に依存することなく、自分がこれまでにたくわえた力によって一つひとつ着実に実施していく。そうすれば、その歩みはたとえ一歩一歩のゆっくりしたものでも、他のお店が不景気で停滞しているのですから、まあ、相当のスピードということになりましょう。

そういうことを考えてみますと、不景気こそ発展の千載一遇の好機であるということにもなるわけです。

私は、商売というものは、このように考え方ひとつ、やり方ひとつでどうにでもなるものだと思うのです。いうなればお互い何をなすべきかということを、寝ても覚めても考えねばならないときではないでしょうか。

街の品位を高める

自分のお店を常にきれいにし、お客様が入りやすいよう、また商品が見やすいようにすることは、商売を発展させていくために、非常に大事なことの一つだと思います。ただ、そのように店舗をきれいにするということについては、単にお客様の購買意欲を高めるためということだけではなく、より一段高い理由からも、大いに力を入れる必要があると思います。

その理由とはどういうことかといいますと、自分の店舗は、自分の商売のためのものであると同時に、自分の街の一部を成すものである。だから、自分の店舗のあり方は、その街の美醜にも大きな影響を与えるということなのです。一つの街に好ましい店舗ばかりが並んでいれば、その街は、いきいきと活気に満ちたきれいな街になります。街全体に好ましい環境が生まれます。

したがって私たちは、そうした街を美化するというか、街の品位を高めるという一段高い見地からも、自分の店舗をきれいにしていくことが大事だと思うのです。それは〝社会の役に立つ〟という商売の真の使命にもとづく一つの尊い義務ともいえましょう。またそれは同時に商売の繁栄にも結びつくものだと思います。

ある街へ行ってみたが、どの店員さんの応接態度も立派であるということになれば、その評判は遠く地方にまで及んで、多くのお客様がはるばる来てくださるということにもなりましょう。パリのシャンゼリゼの通りは、世界の人々のあこがれの的だといわれていますが、遠くパリをもち出さずとも、わが国にもそういうところが数多く生まれるべきではないかと思います。その意味では、どちらの理由からお店をきれいにしても、結果は同じ商売の繁栄に結びつくということにもなりますが、しかし、単に自分の商売のためにするのと、そこから一歩抜け出て街の美化、品位向上のためにするというのとでは、その精神に大きな違いがあります。

そういう一段高い精神に立つということが、ほんとうに魂の入った商売を可能にする一つの要諦《ようてい》ではないでしょうか。

利は元にあり

昔から「利は元にあり」という言葉があります。その意味するところは、一言にしていえば、利益は上手な仕入れから生まれてくるということだと思います。

まずよい品を仕入れる。しかもそれをできるだけ有利に適正な値で買う。そこから利益が生まれてくる。そのことを「利は元にあり」という言葉で表わしたわけでしょうが、まことに言い得て妙。昔の人はまったくうまいことをいったものです。実際、商売を成功させるためには仕入れがきわめて大事です。

したがってお互い商売を営む者は、よい品物を安定的に供給してくださる仕入先を求め、その仕入先を、品物を買ってくださるお得意先と同じように大切にしていくことが肝要だと思います。そういう気持ちがないと、結局は商売は繁盛しないといえましょう。これはいわば分かりきったことかもしれません。しかし、その分かりきったことが、さてとなるとなかなか実行されていないのが、今日の実情ではないでしょうか。

最近、会社、商店の仕入係には、一部に横暴な人もあるということをよく聞きます。これは、「利は元にあり」ということが、ともすれば、ただ単に安く買い叩《たた》けばよいというように解釈される結果だと思いますが、それはやはり浅い小さい解釈で、この言葉はもっと深く、大きく広げて解釈しなければいけないと思います。そうすれば、仕入先はお得意先同様大切にしなければという考えがおのずと生まれてくると思うのです。

私は、過去において成功した会社、商店で、その成功の大きな秘訣《ひけつ》が仕入先を大事にしたことにあるという例をたくさん知っています。なるほどあの店は成功するはずだ、仕入先を大事にしているから、ということをしばしば感じたことがあります。

仕入先を大切にすれば、仕入先のほうでも、〝自分をよく理解し大事にしてくれるところには、よい品を安くお届けしよう〟ということになりましょう。それが人情というものです。

仕入先とそうした人情の機微にふれる信頼関係を結んでこそ、「利は元にあり」という至言が、ほんとうに生きることになると思うのです。

集金と支払いについていつも敏感に

お互いが商売を営む上で大切なことはいろいろありましょうが、〝取引というものを、誠実に、そして正確にやる〟こともその一つではないかと思います。いいかえると、これは〝集金なり支払いというものに対して、いつも敏感であれ〟ということになります。

最近（昭和四十八年当時）は、倒産件数もかなり多いということです。なぜ倒産したのか、それぞれにやむにやまれぬ事情があり、原因はいろいろでしょうが、その大きな原因の一つに、やはり放漫経営というものがあると思います。つまり常日ごろから、集金と支払いというものに対する関心が、それほど敏感でなかった。ルーズにするつもりはなかったのでしょうが、売りさえすればよいということで、いつのまにか集金と支払いというしめくくりを第一義に考える感覚を失ってしまった、その咎《とが》めが不況に際して、いろいろな支障となって現われてきたといえるでしょう。

これは中小企業だけに限りません。最近は、いわゆる大企業といわれるところですらも、どことなくルーズになってきて、それがいろいろな間違いを起こし、失敗をおかす原因になってきているると思うのです。

金《かね》をルーズにすれば、何もかもがルーズになるものです。ですから健全にやっている会社なり商店は、日ごろから金というものには比較的敏感で、集金についても支払いについても実によく気を配っておられるように思います。商売の大小を問わず、いい経営をやろうと思えば、やはり取引を厳格にやらねばいけないと思います。そういうところに、商売の大事なカナメがあるのです。

これはある問屋さんのことです。そのお店は、それほど大きな商売をしておられるわけではないのですが、どこも容易でない今日の情勢下で相当利益をあげて、しかも着実に蓄積されているのです。それでいて、小売店さんからは非常に愛され、仕入先からも深く信頼されているのですが、それというのも、日ごろから集金をキッチリし、また支払いもキッチリし、ひいては取引のすべてにわたってキッチリしていたということなのです。つまり経営の姿勢というものが誠実で、そして正確であったわけです。

相互の信頼は、結局こうした姿から生まれるのだと思いますし、商売の繁盛の原理というものも、案外こうした平凡なところにあるのではないでしょうか。むずかしく考えることはないと思います。

夫婦の仲がよければ

今から五十年ほど前、私が自分で独立して商売を始めたころ（大正時代後期）のことです。当時の私の商売というのは、各種のプラグや、自転車の電池ランプなどの電気器具をつくり、それを電気屋さんに買っていただく、というものでした。

ところが、当時の電気屋さんといえば、どのお店も比較的小規模な、いわゆる個人商店ばかりです。しかも電気屋という商売自体が新興のもので、必ずしも資金に余裕のある姿ではない場合が多かったのです。いわば腕一本で商売をしている、というようなお店がほとんどだったのです。

ですから、取引をしても、どこか不安定で、ときには代金を踏み倒されたりする、というような場合もあったのです。事実、私の同業者の中には、代金を踏み倒されて倒産に追いこまれた、という姿さえありました。それだけに、取引をしていくには信用というものを慎重に考えることが大切だったわけです。しかし、何をもって信用を判断するかが問題です。

ふつう、信用といえば、まず対物信用のことです。たとえば、資金というものも大事な要素です。ところが、当時は、私自身も資金がありませんし、また電気屋さんにしても、資金が十分なお店はまれで、ほとんどのお店は資金に余裕がないわけです。ですから、対物信用をもってそのお店の信用を判断するということにすると、ほとんどのお店は、必ずしも信用があるとはいえない、ということになってしまいかねないのです。

しかし、対物信用で判断して信用がないからといって、それでどのお店とも取引をしなければ、今度は私の商売自体が成り立っていきません。そこで私は、いろいろと考え、思いをめぐらせた結果、対物信用ではなく、対人信用でそのお店の信用を判断してみよう、と考えたのです。対人信用というのは、お得意先のご主人に対する信用です。個人商店ですから、そこのご主人が信用できる人柄かどうか、ということです。

しかし、対人信用の目安を、ご主人の人柄におくだけでは不十分です。そこで私は、その目安を、もう一つ別のところにもおいたのです。それは、そのお店のご主人夫婦の仲がよいかどうか、ということです。夫婦が仲よく、二人で気を合わせて仕事を進めているお店、たとえばご主人が外を回れば奥さんは店番をするというようなお店であれば、これは信用があると判断するわけです。そのようなお店なら、まず取引をしても大丈夫だろう、そう考えて商売を進めたわけです。

ところが、そのようなお店でも、なかにはその後に倒産したところもあります。そういうお店では、たまたま夫婦がケンカをして仲が悪くなっていたというのです。私は、やはり夫婦の仲が悪くなると、商売もうまくいかなくなるものなのかと、つくづく感じました。

考えてみれば、同業者が倒産するということもあった中で、私のところは倒産することもなく続けることができたのは、結局、お得意先が倒産しなかったからだと思うのです。そしてお得意先が倒産しなかったということは、対人信用を対物信用よりも大事にしていたことも大いに関係があったのではないかと思います。夫婦の仲がよいということが信用の力強い裏づけになると考えたことは、私自身の体験から必ずしも間違っていなかったと思っているのです。

夫婦の仲がよいこと。これはなにも商売上の信用を得るためということだけでなく、多少の例外はありましょうが、何ごとにおいても、事を進める上で大切なことと、そう思うのです。

絶対安心の境地

最近は〝流通革命〟というようなことがよくいわれますが、商売の面でも変化が激しく、なかなかむずかしい問題も多くなってきました。いろいろと新しい製品がつぎからつぎへと出てくる、流行もめまぐるしく変わっていく。同業者どうしの競争も激しくなってくるし、いわゆるスーパーマーケットのような量販店の進出も多い。町の様子自体からして新しく近代化されていく。そのように、商売をとりまく状況というものは日に日にといってもよいほどに変化し、動きつつあります。

そういう中にあって商売をしていると、はたしてうまくやっていけるだろうかといった不安や悩みがどうしても起こってきがちだと思います。これは、流通業界といいますか販売業界に限らず、メーカーにしても同じことです。

しかし、考えてみますと、私はどんな場合にも絶対安心の境地というようなものはあり得ないのではないかという気がするのです。商店といわず、問屋さんといわず、メーカーといわず、そしてまた今日だけでなくいつの時代にあっても、みな同じことではないか、それぞれの立場、それぞれの時代で、いろいろむずかしい状態に直面して、心配したり不安の念をもったりしているのではないかと思うのです。そして、そういう中で、それぞれにそうした心配や不安と戦い、努力して道を切りひらいているのだと思います。

心配もなく、努力もせずしてうまくいくということであれば、それはまことに結構ですが、そんなことはないのがほんとうだと思います。だから、今日皆さんが、流通業界のさまざまな変化の中でいろいろ思い悩んだり、心配されたりするのは、これは当然あっていいことだと思うのです。

むしろ、そういう変化の中にこそ、生きる境地というものが見出されてくるのではないでしょうか。いろいろ心配があって、それで困った困ったということで敗北主義に陥ってしまってはいい知恵も出ませんが、かといって何の心配もなければ、人間、努力もしないし、進歩もしない、お店の経営にも筋金が入らないということになります。

だから、どんな変化があろうと、どんな世の中になろうと、必ず生きる境地というものがあるという信念に立つ。そして、そうした変化の中でよりいっそうお得意のため、ご需要家のためを考えた新しい商売の行き方を、小さなお店は小さなお店なりに、大きなところは大きなところなりに考え、生み出していく。そういうところから、今日の流通革命についても対応の道がひらけ、それがお店の繁栄にもつながってくると思います。そういう努力の中に、あるいは絶対安心の境地があるのかもしれません。

明朗公正な競争を

競争ということは、お互いが切磋琢磨《せっさたくま》し、みずからの活動を高めていく上からも、また、業界なり社会の伸展を助成するためにも、非常に大切なことだと思います。

しかし、よく考えておかねばならないことは、競争自体が尊いのではない、ということです。競争することから、商売なり人生に何が考え出され、何が生まれるかが要諦であり、相互に競争していくうちにも常に業界共通、社会共通の利益が守られ、国民全体の共存共栄の実を結ぶところに、競争の真の意義がある、このように考えることが大切だと思うのです。

端的に申しますと、競争はあくまで明朗公正な姿で行われることが肝要です。反対のための反対とか、相手に打ち勝ちたいというだけの対抗意識から、あえて明朗でない方法をとったり、権力や資本の力をもって臨むような競争は、メーカーたると卸店、一般販売店たるとを問わず、広く業界安定のためにも断じて退けなければなりません。

社会が求める声を聞かず、自己の販路を広げることのみはかっては、押し売りという好ましからざる姿になり、卸、販売店相互のあいだにも安易な考えと乱売を助長させることになるでしょう。このことは、メーカー、卸、販売店、ひいては消費者、社会、国全体にも損害を及ぼすことになると考えられます。乱売に明け暮れている不安定な業界を相手にする消費者、そしてその業界を含んでいる社会は混乱し、健全な発展が妨げられるわけです。

自己の立場のみを考えてはなりません。生産者にしても、消費者にしても、それぞれの立場だけを考え、主張してはならないと思うのです。そうではなく、お互いに、この社会が発展するためにはどうすればよいか、何が正しいのかということに立って、物事を考え、行なっていくことが大事だと思います。

また、不当な値下げをして、これを競争なりと考え、サービスと見誤ることがあっては、取引を乱脈なものにすることになってしまいます。

道理をはずれた商売をしては、支払いや集金にも当然影響し、一軒の乱れは将棋倒しに全般へ波及して、みずからを弱体に陥れ、業界を混乱に導く結果ともなるのです。これでは産業人本来の使命が失われ、商売が社会に存立する意味もなくなると考えます。

われわれは、いかような困難に直面しても、常に業界の公正な競争を助け、適正な商売を通じて、消費者ならびに国家社会の繁栄に寄与するという、大いなる責務を忘れてはならないと思うのです。

第二章

人事の心得いろいろ

人を集める第一歩は

中小企業の方々の一つの悩みは、今（昭和四十八年当時）、求人難にあるということです。これは大企業においても同じことです。日本は今、全体的に人が足りないのです。働く人が足りなくて、遊ぶ人が多くなっているわけです。これはやはり政治のあり方など、いろいろな問題が社会的にあると思うのです。

人は決して少なくない、相当あるにもかかわらず、世の姿、あるいは社会の情勢が、働く人を少なくして、遊ぶ人を多くしている、ということの根本にふれずして、人の問題を解決する道はないという感じがします。

それはしかし、今すぐどうにもできませんので、さしあたり人をどうして採用するかという問題です。日本で中学を出て、高等学校を出て就職する人は、何万人とあるわけです。あなたの店は何万人もいりません。だから、採ろうと思ったら採れないことはありません。

しかし、そのためには、あなたの店に何らかの魅力がなければいけないと思います。あなたの店にやはり一つの魅力を生み出すことが、まず先決問題でしょう。

これはどういうことかというと、今日では給料ということも一つの魅力でしょう。しかしそれだけではいけません。店のご主人であるあなたの知っている範囲というか、あるいはあなたが学校の先生に接する範囲というか、そういう範囲の方々が卒業生に対して、「あそこへ君、行ったらどうだ。なんとなく向こうのおやっさんは、君、ええおやっさんだよ」というように言わせるものを、あなた自身がもたなくてはいけません。あるいはあなたの奥さんがいいとか……。このごろは奥さんまでもが影響してきます。

そういう魅力がなければ、やはり人が集まらないと思います。そういうものをもたずして、人を集めることは、もう今日はむずかしくなってきています。

思うに、日本が大きな仕事をするという立場に立って、いちばん大きな欠陥は何かというと、人を粗末に使っているということです。また多くの人を無為に動かしているということです。それが、人が足りないようになった一つの大きな原因です。これは政治にも関係しますから、ここでは申しませんけれども、あなたの店について考えれば、そのように魅力をもつようにしていくところから、しだいに人を得ることができるようになってくると思うのです。

長所を見つつ

今日、どこの会社や商店でも、人を求め、人を育てていくという点に非常な努力をしています。けれども、実際のところは、そのわりに人がなかなか育ちにくいのが世の常でしょう。ここに、首脳者の立場に立つ人の悩みといえば悩みがあると思うのです。いったい、どうすれば人が育っていくものなのでしょうか。

考え方はいろいろあると思います。しかし私自身としましては、元来、首脳者の心得として、つとめて社員の長所を見て短所を見ないよう心がけています。あまり長所ばかりに目を向けるため、まだ十分には実力が備わっていない人を重要なポストにつけて、失敗してしまうような場合もなきにしもあらずです。しかし私はこれでよいと考えています。

もし私が、つとめて短所を見るほうであったとしますと、安心して人を用いることができないのみならず、いつも失敗しはしないかと、ひとしお心を労するでしょう。これでは事業経営にあたる勇気も低調となり、会社、商店の発展も十分には望めないことになりかねません。

ところが幸いにして、私は、社員の欠点を見るよりも、その長所や才能に目がうつりますので、すぐに〝あの男ならばやるだろう。あの男はこんなところがうまい。主任は務まるだろう。部長にしてもよかろう。一つの会社の経営をしてもらっても大丈夫だろう〟と、少しの心配もなく任せることができるのです。またこうすることによって、それぞれの人の力もおのずと養われてくると考えられます。

ですから、部下をもつ人はなるべく部下の長所を見るようにし、その長所を活用することが大切だと思います。それと同時に、欠点があればそれを正すように心がけることも大事でしょう。長所を見ることに七の力を用い、欠点を見ることに三の力を用いるのが、だいたい当を得ていると思われます。

それから、もちろん、部下である人もまた、これと同様に、上位者の長所を見るように心がけて尊敬し、短所はつとめてこれを補うように心がけることが大切です。もしこれに当を得たならば、よき部下となり、上位者の真の力となるにちがいありません。豊臣秀吉は、主人である織田信長の長所を見ることを心がけて成功し、明智光秀はその短所が目についてて失敗したといいます。心して味わうべきだと思うのです。

人を育てるには

お互いの会社、商店が発展し、社会の公器としてさらに光彩を放つようになるためには、やはり社員の訓育といいますか、人間的な成長に、会社としてよりいっそうの努力をすべきだと思います。そういう考えをもって努力している会社に入ってこそ、青年社員の将来というものが、非常に明るく輝くのではないでしょうか。

そして、会社はそういう人間的なものの考え方を基本として、社員に正しい商売人としての常識を培養する努力をしていくことが大切です。

ところが、そのためには、まず、商売人として、また社会人として、ものの正しい価値判断ができないようなことでは困ります。ですから会社においては、あらゆる点において正しい価値判断のできる人を養成しなければならないと思うのです。

価値判断が適正ならば、自己判断もできます。自己判断のできない人は、価値判断もできません。ですから、そういうような人が集まっても、それは単なる烏合《うごう》の衆ということになります。しかし、あらゆる面に、あらゆる場所に、そしてあらゆる時に、価値判断がある程度できるというそういった人々の集まりなら、何ごともきわめてスムーズに運び、繁栄も平和も、これを得るのはそうむずかしいことではないと思うのです。

ところで、この価値判断というものを、いかにして社員に培養するか、これが問題です。全知全能の神様なら、〝これの価値はこういうものである〟ということを、いともたやすく発見されると思います。しかしわれわれは凡人であって、神様ではありません。ですから、真の価値判断はここにあるということを、手を取って教えるすべはありません。

ただ、すべての点で、いつも正しい価値判断が大切であるという意識が養われておれば、ある程度正しい価値判断はできるのではないでしょうか。そうすればある程度失敗なく物事を行うこともできるのではないかと思います。そしてその際には、他の人の意見も取り入れ、みずからの考えと照らしあわせ、よりよき考えを培養していくことが大切だと思います。

私どもはお互いに、このような正しい価値判断をするための努力をし、研究をし、そして少なくとも社員として価値判断のできる能力を、逐次高めていきたいと思うのです。それがとりもなおさず、個々の人の力となり、そして、国家社会の力となると思うのです。

好きこそものの上手なれ

商売をしているかぎり、その商売を繁栄させたいと望まぬ人はないでしょう。千人が千人ともそう望みます。それが人情だと思います。ところが、なかなかそういう望みどおりにはいかないのが実情というものです。それはなぜでしょうか。

原因はいろいろ考えられましょうが、その大きな一つは、その望みにふさわしい工夫、努力が伴っていないということではないでしょうか。工夫、努力が伴わなければ、望みが大きければ大きいほど、いわゆる青年の大言壮語と同じことになってしまいます。いかに小さい望みであっても、勇気と決断をもって実行を積み重ねないかぎりは、その望みの実現はむずかしいと思います。

たとえばお客さんに商品の説明をする場合でも、その説明の仕方なり内容なりを、はたして自分が得心するまで考え、工夫した上で話をしているかどうかということが大切です。また、その商品は買ってそれだけの値うちのあるものだという確信を自分自身がもっているかどうか。

そういう確信に立つならば、説得にもおのずから工夫が生まれ、お客さんに対する力強い説明と販売もできるというものです。

ではどうすればそうした確信が生まれ、工夫が可能になるか。それは何といっても、まず商品説明にみずから興味をもち、それを好きになることです。好きになれば努力することが苦にならない。むしろ楽しくなる。その結果、説得力も向上する。「好きこそものの上手なれ」という言葉がありますが、まさにそのとおりだと思います。

これは、なにも商品説明ばかりに限りません。一事が万事、何ごとにもあてはまると思います。

だから、商売を繁栄させたいと思えば、まず商売を好きになること。そして、ただお義理や飯のタネにするために事を運ぶというのではなく、誠心誠意それに打ちこむこと。そこにこそ繁栄への一つの道があると思います。

適材適所ということが商売成功の一前提といわれますが、私は、適材適所とはそうした商売の好きな人が商売にあたるということであって、そうなれば千人が千人とも望みを達することも決して難事ではないと思うのですが、いかがでしょうか。

一人の責任

私は小企業も中企業も、また大企業も経験しているのですが、いずれの企業でありましても、結局はそこの主人公というものがいちばん問題だと思います。企業の大小を問わず、主人公が率先垂範していけば、いっさいは解決されるという感じがするのです。

といいますのは、社員なり店員の人たちは、おしなべてみな主人公の言うことを聞くわけです。主人公の言うことを聞かないという人は、おそらくないと思います。社長が「東へ行こう」と言えば、みな東へ行くのです。

しかるに東へ行って、もうひとつうまくいかない、そういうことはだれの責任でしょうか。もちろん、「東へ行こう」と言った社長の責任だと思います。ですから、会社や商店の発展にはいろいろな要素がありますが、私はそこの経営者、社長の双肩にその責任がかかっていると考えております。

よく、社長の立場に立つ人が、〝自分は一生懸命働いているのだけれど、社員が十分に働かないのでもうひとつうまくいかない〟というように考える場合があります。ほんとうにそういうことがいえるときもあるでしょう。しかし、それはほとんど例外といってもよいような状態ではないでしょうか。だいたいは、その店、その会社の発展していく姿というものは、そこの主人公一人の責任だと私は感じているのです。

私自身、今までいかなる場合でも、自分一人の責任だということを考えつつ、自問自答しながら事を進めてきました。そうして、それと同じように、「部の責任は部長一人の責任である、課の責任は課長一人の責任である」ということを言ってきたのです。一つの課がうまくいくかいかないかということは、課長によって左右されるものです。

課長が自分の責任を厳しく自覚し、忙しければ一人で残って一生懸命に仕事をする、その姿を見て部下たちはどう感じるでしょうか。おそらく、部下の中には、「課長、一服してください。ひとつ肩でももみましょう」と、いたわりの態度を示す人も出てくるでしょう。期せずして、課長と部下の心はかよいあい、一体感も生まれてきます。そのような、部下にいたわりの心を起こさせるような一生懸命の姿が自然に課長の仕事に現われるならば、必ずその課はうまくいくと思うのです。

だから、いずれの場合でも、それは課長一人の責任です。部であれば部長一人、会社全体なら社長一人の責任なのです。

人づくりは〝打つ〟ことから

今の世の混乱の原因の一つには、社会の根本となる人間の〝人づくり〟がなされていない、ということがあるのではないでしょうか。

たとえば、ものの是非を考えるときなどでも、自分を中心に、あるいは自分の団体を中心に、また自分の国を中心にして考えるというのが今日の傾向だと思います。こういうところにも、〝人づくり〟がなされていないことによる悪影響が現われているのではないかと思うのです。もちろん、自分のこと、団体のこと、国のことを思う気持ちはたいへん結構なことだと思います。が、それと同じ気持ちがよその人、よその団体、よその国に対してはもてないというところに問題があると思うのです。

また、今の人々が忘れている大切なものに、道義や道徳があります。商売の道にしても、今は道義に欠ける一面があるように思われるのです。たとえば昔は、支払いということにしても、月末にキチンとすませるということにみんなが真剣でした。また、お得意先に対する正しい意味の感謝の念をもつといった道義心も、相当高いものがあったと思うのです。

ところが、戦後はお互いに現金がないので、手形取引をしたのです。これは当時としては、日本再建のためのやむを得ない措置であったと思います。しかしこれは日本が逐次発展していくにつれて改めねばならなかったのです。にもかかわらず、今では逆にこの方法が促進され、それによって経営が安易に流れる傾向もあるようです。こういう姿が物価の騰貴に結びつき、またそれが人心の悪化に結びついていくとも考えられます。

また政治の上にも、国民を育てるもっと強いものが必要ではないかと思います。今の政治には、どちらかというと国民に媚《こ》びているような面が多少ともあるようです。この甘やかしが人心悪化の原因ともなり、商売道義の上にも好ましくない影響を与えているのではないでしょうか。国民の人心を回復させるためには、国民を保護すると同時に、やはり叱《しっ》咤《た》激励ということも必要ではないかと思います。そういうものなくして甘いことばかり言っていたのでは、人づくりはできないでしょう。

名刀は、名工といわれる人が何度もくり返して鋼を打ってこそできるのです。ふところに鋼を入れてあたためていたのでは、なまった刀ができてしまいます。今は人づくりにおける〝打つ〟ということがあまり行われていないような気がします。

頼もしく思って人を使う

「あなたは人使いが上手だ、その秘訣を話してくれ」とよく言われます。しかし、当の本人は人使いがうまい、といった自信はそれほどないのです。だから人使いのうまさはこういうところにあるということは、的確に申しあげられないと思うのです。しかしはたから見て多少そういうことが言われるのはどういうところなのかな、ということを私は考えてみました。

　人使いということはいろいろ見方がありましょう。非常に強力な知恵と力をもっているから人をうまく使うという人もありましょう。私自身はどうかというと、逆なのです。強力な知恵も力も乏しいのです。だから人に頼るとでもいうか、人に相談するというか、そういうことに自然になるわけです。

　それを受けるほうは権柄《けんぺい》ずくで命令されるよりも、相談されてみればいやとも言えないから、じゃあ協力しようかと、こうなる。そういう姿を見て、あいつは人使いがうまいと感じられる場合もあるのでしょう。

が、私は人使いの上手下手というものは人によってみな違うと思うのです。非常に力のある人であって、だれに相談もせずして過ちなく事を決行できるだけの立派な人は、やや命令的な態度をもってやったほうが能率があがりますし、またそのあがった能率から生まれるところの成果は適当に分配されますから、それはそれでいいと思います。

しかしそういう力のない者は、私のやり方でやるほうがいいのではないでしょうか。私はたいてい会社の社員を見ますと、私より偉いという感じがするのです。一つは、私は学校も行っていませんからそういう感じがするのでしょうが、〝彼はなかなか偉い青年だな〟と、こう私は思ってしまうのです。

だから非常に頼もしく思うわけです。頼もしく思いますから、「君、こういうことをやってくれないか。君ならやれる。わしだったらやれないけれど、君ならやれる」と、こうなる。そうすると「それじゃあやってみましょうか」となる。そして一生懸命にやる。そうすると成功する。

これは、一つの成功のかたちです。そういうようなかたちができていたわけです。それで私の場合、幸い成功してきたわけです。ですから、言われてみれば、そういうこともやはり一つの人使いといえば人使いのやり方のうちに入るのかなと思うのです。

衆知を生かすために

〝人の和〟ということがよくいわれます。私はこの〝人の和〟は、非常に大事なことだと思います。衆知を集めるということも、人の和があってはじめて可能ですし、また生きてくるのだという感じがするのです。

人の和が醸成され、衆知が生かされていくという好ましい姿を生む一つの基盤として、上意《じょうい》が下達《かたつ》しているかどうか、下意が上達しているかどうかという事柄があると思います。社長の考えていることが少しも下に通じない、そういう会社は、概してうまくいっていないようです。また逆に、下意が全然上達していない会社は、さらによくないと思います。

ですから、たとえば課長であれば、自分の考えなり方針が課の人々にどのように浸透しているかを知る必要があります。そして、自分の考えていることで課の人たちが非としている点があるとすれば、なぜ非としているのかということについて話しあっていく必要があると思うのです。

そういうことを社長と幹部のあいだで、幹部と中堅幹部のあいだで、また課長と課員とのあいだで、絶えずくり返しお互いに行う努力をしていくことが大切です。それができる会社では衆知が集まり、衆知が生きてきます。

逆にそういうことをしない会社、つまり、命令一つ出せばすみずみまで行き渡ると考えている会社は、実際には上意は全体に行き渡っていないことが多いようです。それで、社長の思いと違った行動が随所に起こってきます。

もっと大事な問題は、下意上達です。つまり、一般の従業員の考えが社長の考慮に響いているか、くみ取られているかということです。

下意が上達するためには、責任者の立場に立つ人が、部下の考えていることを引き出すという態度をとらなければいけません。課長に何でも言える、部長に何でも言える、何らはばかることがない、そういった空気が課内に、部内に、また会社全体に醸成されてくることが肝要なのです。

もちろん、これは非常にむずかしいことです。それだけに、容易な努力、容易な理解だけではできないでしょう。よほどそれに真剣に取り組まなければできないのではないかと思います。

そのように取り組んで、幸いよろしきを得たならば、その会社は真に衆知による全員経営が可能になってくるでしょう。そしてそこから、製造でいえばよい製品、販売でいえばお得意さんが非常に喜んでくださる販売が生まれ、より好ましい会社の発展も生み出されてくると思うのです。

部下の提案を喜ぶ

会社や商店では、従業員の人々が喜び勇んで仕事をするという姿をつくることが大切だと思います。それにはどういう点を心がけなければならないでしょうか。

いろいろ考え方はあると思いますが、私は、一つには、上司なり先輩が、部下なり後輩の人の提案を受け入れるということが大切だと思うのです。つまり、部下が提案しやすいような雰囲気をみずからがもっていることが必要だと思うのです。部下の人が何か提案をもってきたような場合、「そんなことを考えてくれたのか。君は熱心だな。結構なことだ」と言って、まずそのこと自体を、快く受け入れることです。

しかし、その提案を採用するかどうかということについては、上司の立場でいろいろと考えなければならないこともあるでしょう。非常に熱心に提案してくれたけれども、これは今すぐにはちょっと実際に用いることはできない、という場合もあると思います。

そのような場合でも、とにかくいったん、その行為なり熱意なりは十分に受け入れて、そして「これはこういう状態だから、ちょっと待ってみようではないか。君、また考えてくれたまえ」と言う。つまり、そういう発案をすればするほど上司が喜ぶのだというような雰囲気が、会社なり商店にみなぎってくることが大切だと思います。

「いや君、そんなのダメだ」と言う。またやってくる。「ああ君、これはダメだ」というようなことで、三べんも提案したのに用いられなければ、〝どうもうちの上司は分かってないな、提案しても聞いてくれない、もうやめておこう〟ということにもなって、結局は決まった仕事だけをするということに落ちついてしまいます。これでは、進歩も向上も生まれてきにくいのではないでしょうか。

私は、これは非常に大事なことだと思うのです。むしろ、「君、なんにも意見を出さないじゃないか」と、意見を聞き出す努力をすることが必要ではないかと思います。「何回でも考えてくれよ、よい提案は大いに用いるから。提案してくれることは、大いに会社のためにもなるし、また、われわれの仕事としても面白いから、君、いろいろ考えてくれないか」、こういうことを常にくり返し部下の人に言っておくことが、ほんとうに大切なことだと思うのです。

経営者の心根

会社、商店の経営者にとって、どうすれば社員、従業員の人々がよりよく働いてくれるのかということは、きわめて大事な問題だと思うのです。この点に関する考え方はいろいろあると思いますが、私は、従業員の人々に対する経営者の気持ち、心根というものが、特に大切なことの一つではないかと思います。

少人数の人を使っている、小規模の会社、商店の経営者であれば、みずから率先垂範して、そして従業員に「ああせい、こうせい」と命令しつつみんなを使って、だいたい成果をあげることができるでしょう。

しかし、これが百人、千人となれば、そういう姿は必ずしも好ましくありません。百人も千人も従業員がいるところでは、もちろん仕事の内容とか種類にもよりますけれど、だいたいにおいて、率先垂範して「ああせい、こうせい」というタイプでは好ましくないと思います。形、表現はどうありましょうとも、心の根底においては、〝ああしてくださぃ、こうしてください〟というような心持ちがなければいけないと思うのです。そうでないと、全部の人によりよく働いてもらうことができないでしょう。

これがさらに、一万人、二万人になれば、〝ああしてください、こうしてください〟ではすまされないと思います。〝どうぞ頼みます、願います〟という心持ち、心根に立つ。そしてさらに大を成して五万人、十万人となると、これはもう〝手を合わせて拝む〟という心根がなければ、とても社員を生かしつつ、よりよく働いてもらうことはできないと思うのです。

そのような心根をもっているならば、同じ言動であってもその響きは違ったものになりますから、社員の人々は、その響きをくみ取って、多少無理と思われるような命令であっても、それぞれに得心して働いてくれるのではないかと思います。逆に、そういう心根がなかったならば、いくら命令を出しても、社員はその命令に感ずるところ少なく、したがって働きも鈍くなって大きな成果も得られない、ということになってしまいます。

こういったことは、経営者として心すべきことだと思います。はたして皆さんがそのように、人数に応じてそれにふさわしい心根に立っているかどうかといえば、それはいろいろありましょうが、私としてはそのような考え方を今のところもっているのです。

ある問屋さんの立腹

昔、松下電器が四、五百人ぐらいの町工場に成長し、信用も増しつつあったころのことです。

ある日、店員の一人がお得意先回りで、ある問屋さんへ行ったところ、そこのご主人がたいへん立腹していたのです。

「おまえのところの品物を小売屋さんに売ったら、評判が悪いといって返されてきた。せっかく売ったのに返されて、わしは憤慨しているのだ。けしからん。だいたい松下が電器屋をするなどとは生意気だ。電器屋というのはむずかしい技術がいるものなのだ。こんな品物をつくるくらいなら、焼きいも屋でもやってろ。帰ったらオヤジにそう言っておけ」

店員はそのとおり私に報告しました。それで私は、「ああそうか。そんなに怒っておられたか。それなら近いうちに行って謝っておこう」と言ったのです。そして、自分でその問屋さんを訪問しました。

「このあいだはたいへんなご立腹で、申しわけありませんでした。店員に聞いたのですが……ほんとうにすみませんでした」

私がそう言うと、問屋さんのご主人は、「いやおそれいった。腹立ちまぎれに強く言ったのだが、お宅の店員がまさか焼きいも屋になれということをそのままあなたに伝えるとは夢にも思わなかった。失礼した。腹を立てないでくれ」と言われるのです。

そこで私も、「いや、腹など立てはしません。これから注意して、なおいいものをつくりますから」と言うと、先方も恐縮してあとは笑い話になったのです。

このことが転機となり、その問屋さんとは非常に親しくなり、いわばひいきにしていただくようになったのです。

これはうまくいったという話をしたいのではありません。実はこれが下意上達の姿だということです。店員が言われたとおり私に伝えたのは、日ごろ常に私が、たとえいやなことでも話してくれよと言いきかせていたからです。

そうでなかったなら、どうなっていたでしょう。おそらく店員は、そのようなことをおやっさんに報告したらいやな顔をされるだろう。だから怒っておられたという程度にしておこうということになるでしょう。あるいはそれを番頭に相談する。すると番頭が、焼きいも屋のことだけは言わないでおいたほうがいいという場合もあるのではないでしょうか。それでは主人公である私には、実際のことが分からなくなってしまいます。

首脳者、経営者たる人がいやなことを聞いて、いやな顔をしたり、機嫌を悪くしたりするようでは、いやなことは伝わらないようになります。いやなこと、いやな話ほどみずから反省すべき点、改善すべきところを含んでいることに思いをいたすべきだと思います。

だから会社でも商店でも、外部に対して手を打たなければならないような情報がすぐに首脳者に伝わるような雰囲気を、絶えず内部につくっておくことが、事業なり商売を進めていく上で肝要だと思うのです。

補章

古今の家訓・店訓・社訓いろいろ

一つの商売、一つの事業を行なっていこうとする際には、やはりそれを進めていく根底をなす考え、あるいはその進め方などについての基本的な考えというものが、はっきりと定まっていることが大切だと思います。現に、今の世の中で活動を進めている会社、商店の多くは、そうした考えを、社是社訓、店是店訓といったかたちで、はっきりともっています。

また、歴史をさかのぼってみても、昔の商家、あるいは武家にしても、その家々に家訓というものが定められていました。まず、昔の武将が一代の心得というか家訓として残しているものを見てみましょう。

上杉家（謙信）の家訓

心に物なき時は心広く、体やすらかなり。
心に我慢（慢心のこと）なき時は愛敬失はず。
心に欲なき時は義理を行ふ。
心に私なき時は疑ふことなし。
心に驕《おご》りなき時は人を教ふ。

心に誤りなき時は人を畏れず。
心に邪見なき時は人を育つる。
心に貪《むさぼ》りなき時は人にへつらふことなし。
心に怒りなき時は言葉和《やわ》らかなり。
心に堪忍ある時は事を調《ととの》ふ。
心に曇りなき時は心静かなり。
心に勇ある時は悔《くや》むことなし。
心賤《いや》しからざる時は願ひ好まず。
心に孝行ある時は忠節厚し。
心に自慢なき時は人の善を知り。
心に迷ひなき時は人をとがめず。

伊達政宗の遺訓

一、仁に過ぐれば弱くなる。義に過ぐれば固くなる。礼に過ぐれば諂《へつらい》となる。智に過ぐれば嘘《うそ》を吐く。信に過ぐれば損をする。

一、気ながく心おだやかにして、よろづに倹約を用ひ金銀を備ふべし。倹約の仕方は不自由なるを忍ぶにあり、此の世に客に来たと思へば何の苦しみもなし。

一、朝夕の食事はうまからずとも褒《ほ》めて食ふべし。元来客の身なれば好き嫌ひは申されまじ。

一、今日行くをおくり、子孫兄弟によく挨拶《あいさつ》して、娑婆《しゃば》の御暇《おいとま》申すがよし。

このように、武家は武家なりに、それぞれに家訓が伝えられていたわけですが、これは商家もまた同じことです。昔から事業を続け、商売を営んできた多くの老舗《しにせ》、伝統のある会社も、それぞれに、その事業を始めた人などにより、社是、店是、家訓などが残されているのです。つぎにそういった例を見てみましょう。

三井家の家憲（初代高利）

一、単木は折れ易く、林木は折れ難し。汝等相協戮輯睦《あいきょうりくしゅうぼく》（心や力を合わせ、むつみあう）して家運の鞏固《きょうこ》（しっかり固める）を図れ。

二、各家の営業より生ずる総収入は必ず一定の積立金を引去りたる後、はじめてこれを各家に分配すべし。
三、各家の内より一人の年長者を挙げ、老八分と称して是《これ》を全体の総理たらしめ、各家主は皆老八分の命を聴くべきものとす。
四、同族は決して相争ふ事勿《なか》れ。
五、堅く奢侈《しゃし》（ぜいたく）を禁じ、厳しく節倹を行ふべし。
六、名将の下に弱卒なし。賢者能者を登用するのに最も意を用ひよ。下に不平怨嗟《えんさ》（うらみなげき）の声なからしむる様注意すべし。
七、主は凡て一家の事、上下大小の区別なく、之に通暁《つうぎょう》する事に心懸くべし。
八、同族の小児は一定の年限内に於《お》いては、他の店員と同一の生活待遇をなし、番頭、手代の下に労役せしめて、決して主人たるの待遇をなさしめざるべし。
九、商売は見切時の大切なるを覚悟すべし。
十、長崎に出でて外国と商売取引すべし。

住友家の家則（広瀬宰平）

一、主務の権限を越え、専断の所為あるべからず。

二、職務に由《よ》り自己の利を図るべからず。
三、一時の機に投じ、目前の利にはしり、危険の行為あるべからず。
四、職務上に係り許可を受けずして、他より金銭物品を受領し又は私借すべからず。
五、職務上過誤、失策、怠慢、疎漏なきを要す。
六、名誉を害し、信用を傷つくるの挙動あるべからず。
七、私事に関する金銭の取引其他証書類には、各店、各部の名柄《みょうへい》（名前による権力）を用ふべからず。
八、廉恥《れんち》を重んじ、貪汚《たんお》の所為あるべからず。
九、自他共同して他人の毀誉褒貶《きよほうへん》（そしったりほめたりする）に関し私議すべからず。
十、機密の事を漏洩《ろうえい》すべからず。

岩崎家（三菱）の家訓
一、小事に齷齪《あくせく》するものは大事ならず、よろしく大事業経営の方針をとるべし。
一、一たび着手せし事業は必ず成功せしめざるべからず。
一、断じて投機的な事業を企つるなかれ。

一、国家的観念をもってすべての経営事業にあたるべし。
一、奉公至誠の念にすべて寸時もこれを離るべからず。
一、勤倹身を持し、慈善人にまつべし。
一、よく人材技能を鑑別し、すべからく適材を適所に配すべし。
一、部下を優遇するにつとめ、事業上の利益は、なるべく多くを分与すべし。
一、創業は大胆に、守成は小心たれ。樽《たる》より掬《く》む水にまして、洩《も》る水に留意すべし。

やはり、それぞれに、事業を進めていくにあたって守るべき基本の事柄が、はっきりと定められているのが分かります。これは、今日活躍している会社も同じことなのです。そのいくつかを見てみましょう。

株式会社電通の電通鬼十則

一、仕事は自ら創るべきで、与えられるべきでない。
二、仕事とは、先手先手と働き掛けて行くことで、受け身でやるものではない。
三、大きな仕事と取り組め、小さな仕事は己れを小さくする。

四、難しい仕事を狙え、そしてそれを成し遂げるところに進歩がある。
五、取り組んだら放すな、殺されても放すな、目的完遂までは……。
六、周囲を引きずり回せ、引きずるのと引きずられるのとでは、永い間に天地のひらきができる。
七、計画を持て、長期の計画を持っていれば、忍耐と工夫と、そして正しい努力と希望が生まれる。
八、自信を持て、自信がないから君の仕事には、迫力も粘りも、そして厚味すらがない。
九、頭は常に全回転、八方に気を配って、一分の隙もあってはならぬ、サービスとはそのようなものだ。
十、摩擦を怖れるな、摩擦は進歩の母、積極の肥料だ、でないと君は卑屈未練になる。

朝日新聞社の朝日新聞綱領

一、不偏不党の地に立って言論の自由を貫き、民主国家の完成と世界平和の確立に寄与す。

一、正義人道に基いて国民の幸福に献身し、一切の不法と暴力を排して腐敗と闘う。
一、真実を公正敏速に報道し、評論は進歩的精神を持してその中正を期す。
一、常に寛容の心を忘れず、品位と責任を重んじ、清新にして重厚の風をたっとぶ。

松下電器の綱領

産業人タルノ本分ニ徹シ社会生活ノ改善ト向上ヲ図リ　世界文化ノ進展ニ寄与センコトヲ期ス

松下電器の信条

向上発展ハ各員ノ和親協力ヲ得ルニ非ザレバ得難シ　各員至誠ヲ旨トシ一致団結社務ニ服スルコト

松下電器の遵奉《じゅんぽう》すべき精神

一、産業報国の精神
産業報国は当社綱領に示す処にして我等産業人たるものは本精神を第一義とせざるべからず
一、公明正大の精神

公明正大は人間処世の大本にして如何に学識才能を有するも此の精神なきものは以て範とするに足らず

一、和親一致の精神

和親一致は既に当社信条に掲ぐる処個々に如何なる優秀の人材を聚《あつ》むるも此の精神に欠くるあらば所謂《いわゆる》烏合の衆にして何等の力なし

一、力闘向上の精神

我等使命の達成には徹底的力闘こそ唯一の要諦にして真の平和も向上も此の精神なくては贏《か》ち得られざるべし

一、礼節謙譲の精神

人にして礼節を紊《みだ》り謙譲の心なくんば社会の秩序は整はざるべし正しき礼儀と謙譲の徳の存する処社会を情操的に美化せしめ以て潤ひある人生を現出し得るものなり

一、順応同化の精神

進歩発達は自然の摂理に順応同化するにあらざれば得難し社会の大勢に即せず人為に偏する如きにては決して成功は望み得ざるべし

一、感謝報恩の精神

感謝報恩の念は吾人に無限の悦びと活力を与ふるものにして此の念深きところ如何なる艱難《かんなん》をも克服するを得真の幸福を招来する根源となるものなり

さらに松下電器には基本内規というものがありますが、その中の一つにつぎのような一文があります。

松下電器ガ将来如何ニ大ヲナストモ常ニ一商人ナリトノ観念ヲ忘レズ従業員又其ノ店員タル事ヲ自覚シテ質実謙譲ヲ旨トシテ業務ニ処スル事（基本内規第十五条）

いろいろな会社の社是、社訓といったものを見てきました。もちろん、わが国には無数の会社がありますから、ほかにももっと立派な社訓をいろいろあげることができると思います。ここにあげた社是、社訓はほんの一例にすぎません。そういった会社でも、初めはみな小規模なところばかりだったと思います。けれども、五人、十人しかいないような小さなお店でも、ここにあげたような社是、店訓を定めて、それにもとづいてひたすら励んできたことにより、一歩一歩栄え、発展してきたのだと思います。そのお店、会社自体の繁栄もさることながら、それが社会の繁栄にも結びついてきたといえるのではないでしょうか。

そういうことを考えてみると、私は、いかに社是、社訓といったものが必要であり、大切であるかということが、よく分かると思うのです。

十人なら十人で営んでいるお店で、そういった店訓なしで仕事を進めているところがあるとするなら、そのお店はあまり栄えていかないと思います。それに比べて、十人の半分の五人で営んでいるお店でも、店訓をはっきりと定めて歩んでいるところは、しだいに栄えていくと思うのです。

日本全国のいろいろな町で、規模の大小を問わず、古くから商売を続けているようなお店は、みな古くから伝わる家訓、店訓をもっているのではないでしょうか。

ただ、ここで大事なことがあります。それは何かといいますと、社是、店訓をいったんつくったならば、店主自身がそれに従わなければならないということです。ご主人が店訓をつくる場合があります。しかし、店主が自分でつくったものであっても、店員は守らなければならないが自分は守らなくてもよい、ということは許されません。店主が率先して誠実に守らなければならないと思うのです。そうすれば、お店は逐次繁栄していくでしょう。

以上、世の中に数多くの経営体がありますけれども、このように、社是、店訓をキチンと定め、それに店主、経営者がみずから従っているという姿がとられているかいないかが、非常に大事な問題ではないかと思います。

つぎにひと言、つけ加えたいことがあります。それは、ここにあげた社是や社訓は、それらの会社の定款ではないということです。定款は別にあるのです。その定款をどう生かして成果をあげていくかということが、これらの社是、社訓だと思います。会社の定款というものは、国でいうなら憲法でしょう。ですから、会社や商店には、定款のほかに、定款を生かしていくための社是、社訓があるわけです。

国について見れば、憲法はいわば定款です。会社経営における定款と同じようなものが、国家経営における憲法だと思います。ですから、国としても、国の定款、いわゆる憲法のほかに、その憲法をいかに守り、生かしていくかという国の社是、社訓、つまり国是、国訓といったようなものが必要ではないかと思うのです。

しかし、その国是、国訓にあたるものが、今の日本にはないといったところから、国内外の各面において、いろいろと調和を欠いた姿、混迷の姿、百家争鳴といった姿を現わす原因の一つが生まれているのではないでしょうか。いかにすぐれた、立派な定款があっても、栄える会社もあれば栄えない会社もあります。それは国の場合でも同じだと思うのです。ですから、こういったことは、政治に携わる人はもちろん、われわれ国民としても、心して考えなければならない問題ではないかと思います。

あとがき（旧版）

いろいろ商売のこと、経営のことなどについて述べてきましたが、こういったことは、ただ単に頭の中だけで理解しても、実際にはなかなか生かされにくいものだと思います。大切なことは、お互いの日々の商売の上において、また経営の上において、現実の諸問題に対処しつつ、みずから〝これだ〟と学び取ることではないかと思うのです。

「経営のコツここなりと、気づいた価値は百万両」。この言葉は、ずっと昔、昭和九年のお正月に、私が松下電器の従業員へのお年玉として贈ったものです。商売の上でも同じことで、商売のコツがここにある、そう気づき、悟ることができたなら、その価値は百万両、いやそれ以上の価値があるのではないでしょうか。そのような感じがするのです。

なお、ここで述べてきたことの多くは、時代を超えたいわゆる商売の通念というものです。しかし今日は民主主義の時代であり、価値観も昔とは変わっています。ですから、ここに書いてあることをこのまま直訳するのではなく、新しい時代に即応した創意なり工夫といったものが当然必要になってきます。

すなわち、今日、商売を進めていく上で大事なことは、ここで述べた事柄を常に心の底に働かせつつ、近代的な感覚で価値判断をしていくことだと、そのように思うのです。

経営心得帖

まえがき（旧版）

昨年、これまで折々に商売について書いたり語ったりした話を一冊にまとめ、『商売心得帖』として発刊したところ、思いのほか多くの方々にお読みいただきました。また、たくさんのご意見、ご感想を頂戴《ちょうだい》し、あわせて、多少異なった観点からの続編をというご要望もいただいたのです。そこで、昨今の情勢なども考え、不景気とか困難なときにおける経営心得といったことを中心に私なりの考えをまとめたのが本書です。

いうまでもなく、商売、経営というものはまことに複雑というか奥深いものがあり、だからそれだけむずかしいものであると思います。けれどもまた、見方によってはきわめて容易であるとも考えられるのではないでしょうか。というのは、お互いの商売というものは、社会に必要だから、いいかえれば世間の人々が求めておられるからこそ成り立つわけです。ですから、商売の基本は、そうした世間の声、人々の求めに素直にこたえ、誠心誠意努力していくことに尽きるといってもいいと思うのです。私自身は、五十五年にわたる松下電器の経営にあたって、常にそういう心境で歩んできました。

そのような基本の考えに立って、本書をお読みいただき、そこに今日の時点において何らかのご参考になるものがあれば、まことに幸いです。

昭和四十九年七月一日

松下幸之助

第一章

経営の心得いろいろ

興味をもつ

経営や商売にはいわば無限のやり方があると思いますが、これは見方を変えれば、そこに無限の改善の余地があるということになろうかと思います。技術というもの一つとってみても、今日では文字どおり日進月歩の姿で刻々と新しい発明、開発がなされ、極言すれば、きのう最善と思われたものが、きょうはもう旧式になってしまうといった状況です。

したがって、販売のやり方、広告宣伝の仕方、人材育成の方法といろいろ考えていけば、改善すべきところはいくらでも出てくると思います。ですから、今非常に栄えて順調にいっているという会社や商店でも、決してそのままでいいというのではなく、幾多の改善点が残っているといえましょう。ですから、われわれは絶えず見方を変え、常にお互いの経営なり商売の上に新しいものの見方を加え、必要な改善を行なっていかなくてはならないと思います。

これは、いわば永遠に無限にわたってそういうことが考えられるといえます。それをしていくか、していかないかによって、その会社なり商店がさらに発展を続けていくか、あるいは発展が止まって衰えていくかが決まってくるわけです。そういうことを考えてみますと、経営というものは非常に面白いもので、お互いの考え方、やり方次第で、思うとおりに動いていくものだともいえると思うのです。

そこで大事なことは、お互いがそういったところに興味を感じるかどうかということです。経営の面でも技術の上でも、無限に改善していくことができる、そういう改善点を見出して、そこに創意を働かせて新しいものを生み出していく、そのことが面白くて仕方がない、もう眠るのも惜しいというようなことであれば、これは非常にうまくいくと思うのです。けれども、そのことにあまり興味が感じられない、むしろ苦しいことだと考えていたのでは、なかなか成果もあがりにくいと思います。

改善の余地は無限にあるわけですが、それを実現させて成果を生み出していけるかどうかは、結局お互いが、自分の商売、自分の経営というものに、どれだけ興味をもっているかにかかってくるのではないでしょうか。

電話で仕事をする

私は五十五年にわたって、社長なり会長として経営に携わってきました。けれども、私自身はどちらかというと、若いころからあまり体が丈夫ではなく、病気をすることもしばしばあったりしたため、いきおい、第一線に立って陣頭指揮をとるというより、後方にあって見守るという姿にならざるを得なかったのです。

それで、たくさんある工場なり営業所へ直接自分が行くこともなかなかできないので、どうしても電話で仕事をすることが多くなります。工場なら工場の責任者に電話をして、最近の状況をきく、あるいは何か問題がないかを尋ねる。問題点があれば、それについてはこう考えたらどうかといったことを話す、というようにしたわけです。もちろん、製品を検討するといった場合は電話ではできませんから、責任者の人に足を運んでもらうこともありましたが、まあおおむね電話だけですませていました。

そういう姿は、見方によってはまことに頼りないようですが、結果的には、それに終始してきて、成果があがったように思われます。

世間には、非常に頑健で、それこそ工場のすみずみまで自分で回って陣頭指揮をとる経営者の方も少なくありません。それで大いに業績をあげているところもありますが、必ずしもそうではなく、社長さんは寸暇もないほどとび回っていながら、経営がうまくいかないという場合もあるようです。

結局考えてみますと、私のやり方は案外能率があがっていたということではないでしょうか。工場まで出向くとなれば、そのための時間もかかります。また、せっかく来たのだから、立ち話ですますわけにもいかないということで、自分の時間も、工場の責任者の人の時間も必要以上に費やすことになりがちです。けれども電話なら、だいたい十分もあればこと足りるわけで、往復の時間もいらないし、責任者の人の時間もとらずにすみます。

もちろん、自分の目で直接見ることによって、より大きな成果を得られる場合もありましょうし、〝社長が来てくれた〟ということで従業員の士気もあがるでしょうから、どちらがいいとは軽々にはいえませんが、私のようなやり方もあるということは、知っておいてもらってもいいのではないでしょうか。

手形は私製紙幣

景気がいわゆる過熱してきますと、日本銀行による金融の引締めが行われます。そうすると、各会社、商店は、手もとの資金ぐりが苦しくなってきますが、そのときにどうするかということです。

そういうときに、ストックを減らすとか、お得意先にお願いして集金をより早めてお支払いいただくというのであれば、これは経営の体質も健全な方向に向かい、かえって好ましい結果が生まれてくると思います。

ところが、一般にはそうでなく、むしろ支払いを延ばす。たとえば今まで現金であったものが手形になる。九十日の手形で払っていたものが百日とか百二十日になるといったほうに向かいがちです。これは、その経営自体にとっても不健全な姿ですし、経済界全体としても、一方で金融を引き締めて、一方でそれをゆるめるというのでは、十分な効果も期待できません。

さらに考えてみますと、今日紙幣というものは、日本銀行が経済の実態に合わせて適切に発行しており、これを偽造すれば、法によって厳しく罰せられます。ところが、手形は、紙幣ほど完全には通用しませんが、ある程度それによってものを買えるし、それをもって支払いにあてることができるわけで、いわば私製紙幣のようなものではないでしょうか。それがつぎからつぎへと裏書きされて転々と通用していく。かりに一億円の手形でも、十回転々とすれば、十億円の紙幣が発行されたと同じ効果をもつわけです。

そのような私製紙幣を大小さまざまな会社、商店が発行しており、しかもその期間が長期化していくというのは、考えてみれば恐ろしいことです。紙幣が経済の実態以上に発行されれば、これはインフレを招きます。だからこそ日本銀行は紙幣の発行を厳しく調整しているのですが、その一方で私製紙幣がどんどん発行され、流通していたのでは何にもなりません。

また、そのような手形の濫発《らんぱつ》は、一つの企業が行きづまった場合に、数珠《じゅず》つなぎに連鎖倒産を招くおそれもあると思います。

手形の抑制ということは、大きくは政治の力に俟《ま》たねばならないとは思いますが、お互い商売に携わる人間としても、こうしたことを十分考えて、手形の安易な発行、長期化を戒めあいたいと思うのです。

経営力ということ

商売を発展させていく上で、経営力というものが大切であることは、いまさらいうまでもないと思います。もっとも、経営力が必要なのは、なにも商売に限ったことではありません。

たとえば、立派な施設を整え、有能な科学者を集めて一つの研究所をつくったとしても、それだけで偉大な研究成果があがるかというと、必ずしもそういうものではないと思うのです。そこに、そうした立派な施設なり、優秀な科学者を生かしていくという研究所の運営、いいかえれば経営力が厳然として存在しなくてはならないということです。そうであってはじめて、科学者の人々も働きやすく、自分の能力を十分に発揮できて、そこにすぐれた研究成果が生まれてくるわけです。病院などにしても、経営力のたくましいところでは、先生方もいきいきとして、それぞれ専門分野の治療にあたっているという感じがします。

経営力の乏しいところでは、いかに立派な人材を得ても、その人材が生きてきません。

むしろ、その人々に煩悶《はんもん》を与えることになってしまいます。ですから、会社でも商店でも、それぞれにふさわしい経営力というものがなくてはならないと思います。

そういった経営力は、その主人公といいますか、経営する立場にある人がみずからこれをもてば、いちばん望ましいことはもちろんです。けれども、現実には必ずしもそうでない人もあると思います。その場合、その会社や商店の経営はうまくいかないかというと必ずしもそうではありません。

というのは、たとえば過去の歴史を見ると、一国の帝王でみずから高い経営力をもっていた人は、そう多くはいません。けれども、それでその国がつぶれたかというと、むしろ経営力のない帝王のもとでも、隆々と栄えているのです。それは、帝王自身に経営力がなければ、自分の位はそのままにして、自分に代わるいわゆる宰相というものを求めて、これに実際の運営をさせたわけです。そうすることによって、一国の経営がおおむねうまくいったのであり、そうすることが帝王の責任だったと思うのです。

会社や商店の経営でも、それと同じことで、主人公みずからが経営力をもたなければ、しかるべき番頭さんを求めたらいいわけです。経営力の大切ささえ忘れなければ、やり方はいくらでもあるといえましょう。

得心のいく仕事

私たちが仕事なり商売を進めていく上で、いいかげんな妥協をしない、いいかえれば自分の得心のいくまでは仕事を進めない、ということが非常に大事ではないかと思います。

たとえば、かりにある品物に大量の注文があって、その注文をいま取っておかないと、あとではもう取れなくなるかもしれないとします。けれども、その品物には品質の点でもうひとつ自分としては得心できない点がある、そのときにどうするかということです。

そういう場合、ともすれば、あとで注文が取れなくては困るからというので、つい安易に妥協しがちになります。それが人間の弱さでもあり、一面無理からぬ姿であるともいえましょう。けれども、そのようなときに、往々にして失敗があるわけです。

ですから、いかなる人の注文でも、自分が得心するまでは品物を出さないという考えを、常日ごろからもっていなければいけないと思います。また、みずからそういう心がまえをもつだけでなく、部下の人にもそのことを十分に浸透させておくことが大切です。

そういう上に立って、よしと決めたものには完璧《かんぺき》を期す。もちろん完璧を期すといっても、人間のやることですから、現実の問題としてはある種の限界はありましょうが、しかし自分が得心しない仕事は進めないという基本の考えをしっかりもたないと、仕事が大きくなり扱う品物が多くなるにつれて収拾がつかなくなってしまうと思います。

現に、ある会社では、そういう点で非常にしっかりしたものをもっており、それで隆々と発展しています。その会社では、品物に不十分な点があれば、いかなる相手からいかなる注文があろうとも、またどんな状況が展開されようとも、いっさい出さないということでやっています。そのために多少競争相手に先を越されることがあってもかまわないという方針を堅持しています。そのかわり、出した品物については完璧を期しているというわけです。

なお、その会社では、そういう基本方針に立ちつつも、万一それと違った方針でやらねばならないときにはどうする、ということまで考えて経営を推進していますが、お互いとしては、まず基本の、自分の得心のいく仕事をする、ということから見習っていきたいと思うのです。

苦情を生かす

長いあいだ社長とか会長の職にあったので、よく需要家の方から直接お手紙をいただくことがありました。なかにはおほめいただくといういいものもありますが、たいていは悪い手紙といいますか、いわゆる苦情なりお叱《しか》りです。けれども私は、おほめの手紙はもちろんありがたいけれども、苦情の手紙をいただくのもありがたいことだと思っています。

というのは、たとえばこういうことがあります。ある大学の先生から、その学校で購入した私どもの製品に故障があったという手紙をいただきました。それでさっそく担当の最高責任者を行かせたのです。先方は故障ということで、非常に腹を立てられたらしいのですが、その責任者が行って誠心誠意説明し、適切な処置をとった結果、怒りもとけて、喜ばれました。そして、かえって好意をもってくださり、他の学部のこういうところにも売ったらどうかということまで教えてくださったのです。苦情を言っていただき、それに誠意をもって対処したことが、新たな商売にも結びついたわけです。

ですから、苦情を言ってくださるというのは非常にありがたいことだと思います。そのおかげで縁が結ばれるわけです。苦情を言わない方は、そのまま〝あそこの製品はもう買わない〟ということで終わってしまうかもしれません。しかし不満を言ってくださる方は、そのときは〝もう買わない〟というつもりでも、こちらから出かけていくと〝わざわざ来てくれたのだなあ〟と話もし、それで誠意が通じます。ですから、こちらの対処の仕方次第では、かえって縁が結ばれる場合が多いと思います。

もちろん、お叱りをいただいた場合、それをほうっておいたり、こちらの対処の仕方が悪いと、これは縁切れになってしまいます。ですから、お叱りを受けたときは〝これは縁が結ばれるぞ〟と考え、これを丁重に扱って、不満の原因をつかむとともに、誠心誠意対処するということでなくてはなりません。苦情をいとわない、というより、これを一つの機会として生かしていくことが大事だと思うのです。

とりやめた技術導入

今（昭和四十九年当時）から二十数年前、私どもの会社で、アメリカから乾電池の技術導入をしようとしたことがありました。社長であった私は、渡米したおりに相手の会社の新しい工場を見せてもらったのですが、そこは当時世界一の乾電池工場といわれたところで、さすがに立派なもので、工程も半自動化され、非常にうまくやっています。松下電器にも一面進んだところはありますが、総合すると、さすがに違うなという感じで、日本に帰ってきてから皆とも相談し、さっそく技術導入の話を進めることにしたのです。

それで、先方からも日本に来てもらい、こちらの工場を見せたりして、話をつめていったのですが、最後のところへきて、値段の交渉で、ハタと行きづまってしまいました。というのは、先方は二パーセントの技術指導料をほしいというのです。その数字自体は問題ないのですが、それが乾電池本体だけでなく、それを使った懐中電灯のケースについても二パーセントを要求してきたのです。こちらは、ケースのほうは関係ないではないかと主張して話がなかなか進まず、私もどうしたものか迷ってしまいました。そのとき、私どもの技術の責任者がこういうことを言ってきたのです。

「社長、この技術導入はやめましょう。それだけの金を出すのだったら、これを研究に投じれば、もっといいものができますよ」

そこで私が、「しかし君、今から研究したのでは時間がかかるだろう。向こうにいい技術があるのだから、それを入れたほうが早くないか。もし研究してもいいものができなかったら、どうするのだ」と言いますと、「いや、誓ってやってみせます。ぜひやらせてください」と熱心に言うのです。

それで、「君がそれほど言うのならやってみよう」ということで、技術導入の話はとりやめにして、独自で開発を進めることにしたのです。そして、その人が先頭に立って、関係者が文字どおり打って一丸となってこれにあたった結果、ついにアメリカの製品以上のものをつくりあげたのです。しかも、その後も次々と新しい開発に成功し、今では逆に世界に技術を提供するようになりました。

あのとき、技術導入の話がスムーズにまとまっていたら、今日の成果はなかったかもしれません。そういうことを思うと、経営の機微というものは一面、人知では計れないところにあるといえるかもしれません。

不景気には時を待つ

先年、経済界が不況にあったとき、ある懇意にしている中小企業の社長さんから、こういうお話を聞きました。

「松下さん、私のところは四百人ほど人を使って事業をしているのだが、実は最近不景気で仕事が少なくなってきて心配しているんです」

それで私はこのように申しあげたのです。

「ご心配はよく分かりますが、あなたはこの際決してうろたえたらいけませんよ。多少ひまになることも、長いあいだにはあるのが当然です。ところが、そのときに失敗している人を見ると、たいてい慌てて他に仕事を求めにいっていますね。こういう時期には、ほんとうは仕事というものはないのが原則です。しかし、ある場合もあります。ただ、その場合は必ず値切られるものです。それも、必要以上に値切られ、叩かれるということになります。それでも、人を遊ばせるよりもいいんじゃないかということになりがちですが、しかしそのようにやったところは多く失敗しています」

そういうことをお話ししたわけですが、私はこのようなことがいえるのではないかと思うのです。行きづまる会社を見ていますと、たいていは仕事がひまになったらうろたえて、無理をしてでも注文を取ろうとします。無理をして取ればそれだけ安くなります。その結果、かえって大きな損をして会社の破綻《はたん》を招くことになってしまいます。

反対に、そういう無理をせずに、〝ひまはひまで仕方がない。これは一時的な現象なのだから、この機会に改めるべきは改めて、日ごろ怠りがちだったお得意に対するサービスをしておこう〟とか〝機械の手入れすべきものはしておこう〟というような態度をとっている会社は、少しも衰えずに、かえって時を得て発展するという姿になっているのです。

ひまになって、人を遊ばせておくのはもったいないという考えはそれなりに一理あるようですが、人件費の損失もさることながら、うろたえて、いらざることに手を広げた場合には、往々にして取り返しのつかない損失をこうむる結果になってしまうわけです。

なかなかむずかしいことですが、時を得なければ休養して時を待つ、そういう心境も大事だと思うのです。

暖簾

昔の商人は〝暖簾《のれん》〟というものを非常に大切にしました。暖簾ということは、いいかえれば、そのお店に対する信用ということにもなると思います。つまり、何々屋の品物なら間違いがない、安心して買えるというようなお客様の信用が、そこにあったと思うのです。ですから、どのお店でも暖簾を大切にし、暖簾を傷つけないようにしたわけです。

たとえば、いわゆる〝暖簾分け〟でもめったな者にはやらない。十年二十年を誠実に勤勉につとめて、あの男なら絶対に暖簾に傷をつけないだろうという者だけに、暖簾を分けたのです。つまり、暖簾というものには、それだけお客様を大事にし、いい品物を提供してきたという、長年にわたって連綿と積み重ねられてきた努力と信用の重さがあったと思います。

ですから、暖簾なしで新しい店を出すということはたいへんなことでした。そのことを逆にいえば、昔は暖簾で商売ができたともいえます。しかし、今は多少違うと思います。信用とか、お客様を大事にするといったことの大切さは昔も今も変わらないと思いますが、今日では社会の移り変わりのテンポが非常に速くなってきました。ですから、昔であれば、少々商売に適切さを欠いていても、暖簾というものでやっていけた面があったと思うのです。

けれども、今日はもう昔と違って、そういうことは許されなくなってきました。いってみれば、暖簾だけで飯が食える時代ではなくなったと思うのです。実力を欠いたお店、適切な仕事を欠いたお店は、たとえ立派な暖簾があってもやっていけなくなってきています。それが今日の新しい時代の姿といえましょう。

過去の信用というものはもちろん大切です。けれども、長年にわたって営々と築きあげてきた信用も、こわれるときは一朝にしてこわれてしまいます。ちょうど、建築に一年を要した建物でも、こわすのは三日でできるようなものです。

ですから、過去の信用、暖簾によって商売ができると考えてはいけません。常に、今お客様が何を求めておられるかを適切にキャッチして、刻々とそれにこたえていく、いわば日々新しい信用を生み出していくことが大事だと思うのです。

仕入れのコツ

一つの商品をかりに一〇パーセントなら一〇パーセント安くつくって、それだけ値下げしたいというとき、自分のところでやっている製造工程その他の合理化によってコストダウンしていくことはこれは当然です。が、それとともに、原材料なり部品を供給してくれる仕入先にも、値下げを要望するということが起こってきます。

その場合、仕入先にどのように要望していくかということです。ともかくも一〇パーセント値引きしてくれ、というのも一つの行き方でしょうが、私自身はそうはしませんでした。どうしたかというと、今度自分のところのこの品物については一〇パーセント値下げをして、そしてより多くの方々に使っていただくようにしたい、ついては、あなた方にもご協力をお願いしたい、という話をして、

「けれども、あなたのところが値下げをして損してもらったのでは困ります。値下げをしても、適正な儲けを得ていただけますか」

ということをおききしたのです。

それで十分やっていけるというのであれば問題ありません。けれどもときには「いや、そんなに値下げしたのでは儲からん」と言われることもあります。

そういうときには、その工場を見せていただくようにしたのです。そして、工場を見て、こういう点を改善すればより安くできるのではないかということを先方と一緒に検討し、それによって、仕入先にも十分得心してもらいつつ値下げすることを可能ならしめたのです。

そのことによって、単に値下げが実現しただけではありません。私どもに対して、「自分のところの儲けだけを考えるというのでなく、こちらの立場に立って考えてくれる」ということで非常に喜ばれ、またそこに自主的な意欲も生まれてきて、こちらが要望せずとも、いろいろと工夫改善をして値下げしてくれるということも起こってきました。

結局、仕入先との共存共栄ということが大切なわけで、そういうところに仕入れの一つのポイントがあると思うのです。

信用を増す売り方

ある会社の話ですが、その会社で自分のところの製品をドイツに輸出したいということを考えて、担当の幹部の人が出かけていったそうです。その製品は品質も非常にすぐれていて、これなら世界中どこへ行っても大丈夫だ、決して遜色《そんしょく》ないというので、輸出することになったわけです。

それで、ドイツの一流の問屋さんと交渉が始まったのですが、さて値段の問題になって、「これはドイツでいちばん評判のいい一流品と同じにしたい」と話をしたそうです。そうすると、「それは高い。日本の他の会社の品物はそれより一割五分安い。同じ国の品物が一割五分安いのに、君のところのはドイツの一流品と同じというのでは、それはダメだ」と言うわけです。これは、そう言うほうが無理ないと思います。しかしその幹部の人は、「そうですか」とは言わなかったのです。どう言ったかというと、

「それは一応ごもっともです。しかしこの品物は、あなたの国の一流品と品質において優るとも劣りません。だから、同じ値段で売るのが当たり前ではありませんか。ただし、私

どもの品物は今まであなたの国では名前をあまり知られていません。だから、売っていただくについては〝日本の一流品〟という説明がいりましょう。ですからその説明賃として、ドイツの一流品より三分だけ安くしましょう」

と話したというのです。それで、「日本から来て君のようなことを言った人は初めてだ。商売というものがよく分かった。喜んでこれを売ろう」と、話が決まったそうです。

これは面白い話だと思います。同じ日本の製品が、一方はドイツのものより一割五分安い。一方は同じで、ただ説明賃として三分だけ引いている、それで喜んでもらい、またよく売れているというのです。

これまで、日本の商品は、最初百円だったものが、つぎには九十円になり、さらには八十円になるというような価格の変動が激しく、そういう乱売で非常に信用を落とすこともあって、問屋さんとしても安心して扱うことができないといった声も少なからずあったようです。ところが、この会社の場合はそういう心配がないということから、信用も増し、よそ以上に売れているということなのです。

なるほどこれも商売の一つの行き方だなあと感じさせられました。

自己資金の範囲で

景気の後退につれて、企業の倒産が多くなってきました。そういう倒産を見て感じることは、なんと負債が多いかということです。こんな姿は戦前には見られなかったことで、かりに資本金一千万円の企業が行きづまることがあったとしても、そこの負債が二千万円とか三千万円というように、資本金の二倍も三倍もあったら、たいへんな問題だったわけです。

ところが今は、一千万円の会社が行きづまったとすると、二億、三億というように、資本金の何十倍もの借金が残るのが普通になっています。これは非常に弱体な姿だと思います。こういうことでは、好景気のときはいいとしても、多少金融の引締めがあると、それでもう資金ぐりがつかなくなって、簡単に行きづまってしまうでしょう。また、その金利だけを考えても、それだけ収益が少なくなるわけです。

もちろん、これまで日本の会社や商店がそうした借金経営に走りがちだったのは、一つには敗戦によって、みんなが金もなくし、物もなくした状態の中で、お互いに信用を供与しあってやっていく以外に道はなかったということもありましょう。しかし、それは終戦まもないころの非常時のことで、今日なお借金政策で仕事をしていくことは、ほんとうは許されないことだと思うのです。ですからこれからは、借金をせずして、蓄積した資金、自己資金の範囲で商売を行い、会社を経営していくように切り替えなくてはならないと思います。

といっても、これはなかなか容易なことではありません。自己資金でやっていくためには、それだけのものを儲けなければならないわけです。しかし儲けるといっても、お互いに競争しているのですから、ただ高く売って儲けることはできません。それではお客様は買ってくださらないでしょう。

そうすると、結局、いろいろ工夫、努力して原価を引き下げる、あるいはきめ細かいサービスでお客様に奉仕する。そういうことに成功するより仕方がありません。それに成功するならば、お客様に喜んでいただきつつ、自分も適正に儲け、そして経営の体質も改善されてくるでしょう。

自己資金での経営に徹するという決心があれば、それは必ず可能だと思うのです。

歓喜をもって仕事する

お互いが、商売をしたり、仕事を遂行していく上で大切なことはいろいろありますが、歓喜をもって仕事をしていくということもその一つではないかと思います。仕事が面白くない、商売に喜びを感じられないということでは、その人の人生はまことに不幸なものとなってしまいますし、仕事の成果もあがってこないでしょう。ですから、同じ仕事をするのであれば、やはり、歓喜をもってこれにあたることがきわめて肝要だといえます。

それでは、どこからそういう姿が生み出されてくるかということですが、一つには適材適所ということがあると思います。それとともに大事なのは、自分の携わっているこの仕事は人々に喜ばれているいい仕事なのだという心持ちをもって仕事をすることだと思うのです。もし、自分の仕事が人々に求められない、あまり価値のないものだ、というのでは、喜びも湧いてきにくいでしょう。ですから、その意味で、みずから正しい経営理念に立って、世間の求めに応じた仕事をしていくことがきわめて大事だと思いますが、それとともにお互いにそういうことを助成しあわなくてはならないと思います。

たとえば、販売業の人が人々に喜ばれるような品物を一生懸命提供しようと思っても、それにふさわしい良品が製造されなくては、あまり売れない。売ろうとしても値切られて儲からないということで、やりがいも感じられないということになってしまいます。ですから、生産にあたる人々は、販売業の人々に自信をもって売ってもらえるような良品をつくってこれを提供するとともに、適正な利潤をあげてもらえるような信念を培っていく導きをすることが大切だと思います。

あるいは、会社や商店の経営者が、従業員の人々に、正しい使命を教え、訴えていくことも、そこで働く人々が歓喜をもって仕事にあたる上で必要なことでしょう。

さらには、消費者、需要家の人々が、生産者の使命とか努力を適正に評価し、これを励まし、助成するということもきわめて大事だと思います。

そういうことによって、すべての人々が歓喜に満ちてみずからの仕事にあたるならば、そこから生まれてくる成果は、計り知れないものがあると思うのですが……。

サービスできる範囲で商売を

どんなにいい商品があっても、サービスがそれに伴わなかったら、これはお客様にほんとうに満足していただけないと思います。むしろ、サービスに欠けるところがあったならば、お客様の不満を招き、かえって商品自体の信用を落とすことにもなりかねません。

そういうことを考えますと、サービスというものは、ある意味では製造なり販売なりに優先するほどのものであって、かりに販売したものに対する完全なサービスができないとしたら、それができる範囲に商売を縮めるということも一面考えなくてはならないと思うのです。

つまり、今かりに五つなら五つの仕事をしているとします。その五つの仕事をしていて、五つが五つとも十分なサービスができているのであればそれはそれでいいと思います。けれども、それだけの力がないということなら、あえてそれを三つに減らして、そして仕事もサービスも完全を期するということも、ときに必要ではないかと思うのです。そうしなくては、需要家に対して、ほんとうに生産者、販売業者としての責任を全うすることとができないわけです。

だから、商売を拡張していくにしても、そういう責任を十分自覚して、これだけ商売を大きくしていっても、それに見合ったサービスをしていく力があるかどうかをよく自問自答することが大事だと思います。幸いにして、そういう力があるということであれば、これは大いにやったらいいわけですが、サービスのほうまではもうひとつ自信がないという場合には、それがどんなに好ましい仕事であっても、決して手を広げてはならないでしょう。もし、そういう姿において商売を拡張したとするならば、たとえ最初はうまくいっても、サービスの面で需要家の不満を招き、やがては失敗に終わってしまうことになると思うのです。

結局、サービスというものは、どんな商売にもつきものであり、したがっていかなる場合でも、完全なサービスのできる範囲で商売をしていくことが大切だといえます。そういう経営の姿勢からこそ、堅実な姿における商売の発展がもたらされてくると思うのです。

自主独立の経営

最近、メーカーによる流通過程の系列化というようなことがよくいわれます。つまり、問屋さんなり小売店さんが、多くのメーカーの品物を扱うのではなくて、一社の商品だけを扱うという行き方です。

世の中の進歩につれて、いろいろと新しい製品が生まれ、品種も多くなって、それだけ商売というものも複雑になってきます。ですから、一社に基礎をおいて、努力を集中していくほうが、場合によってはロスも少なく、頭も明瞭になって商売がしやすい。あわせて、メーカーと問屋さん、小売店さんとの間柄も緊密さを増してきて、それだけ需要家にも行き届いたサービスができるようになります。ですから、系列化ということは、それなりに一つの進歩の過程であるとも考えられましょう。

しかし、それでは系列化したらすべてのお店がうまくいくかというと、必ずしもそうではないと思います。もちろん、そのお店のご主人の経営手腕ということもありましょうが、それとともに大切なのは、いわゆる自主独立の経営ということだと思うのです。

というのは、多くのメーカーの品物を扱っていたときには、その店のご主人は、当然ながらこれは自分の経営であるということで、商品の仕入れにしても、自分の力なり市場の状況なりにもとづいて、自主判断して発注しておられたわけです。自分の経営として、自分の力、自分の考えに応じて注文し、販売し、独立経営を遂行しておられたと思います。

ところが、一社とだけ取引するようになると、そこに子会社的な考えが往々にして生まれてくるのです。そうすると、ともすれば独立的な経営ということがおろそかになってきます。たとえば、仕入れにしても、メーカーのほうから、「あなたのお店には、今月はこれだけ割り当てますから引き取ってください」と言われて、それが無理だと思っても、「まあ、そう言われるのだったら引き取りましょう」ということになります。ところがその結果、今度は、「メーカーから割り当ててきたのだから、売れなかったら返そう」とか、「支払いのほうは待ってもらおう」といったような依存性が生じてくるわけです。

それでは経営としてきわめて弱体化した姿であって、そのお店としても成果があがらないでしょうし、それはひいては需要家のためにもならないと思います。そういうことでは系列化したことがかえってアダとなってしまいます。

ですから、問屋さん、小売店さんは、〝一社の品物だけを扱うことによって、より力強い商売ができ、需要家のためにもなるのだ〟という考えに立って、これまで以上に自主独立の経営を心がけることが大切だと思います。また、メーカーも、〝系列化によってこれまでより売りやすくなった〟といった安易な考えをもつのでなく、むしろお得意先の自主性を助成する責任を自覚することが必要だと思うのです。

そのように、お互いに自主経営を高めあっていくような姿において協力していくところに、初めて成果も生まれてくると思うのですが、いかがでしょうか。

無形の契約

お互いの事業や商売においては、いわゆる予約注文をいただいて、それにもとづいて販売し、あるいは生産をするという場合もあります。会社や商店によっては、そういう姿の商売がほとんどだというところもありましょう。

けれども、一般的にいいますと、そういう予約注文なしに、たくさんのお客様がその時々に自由に買われるという、いわゆる見込販売、見込生産による商売のほうが多いのではないでしょうか。たとえば、私どもの会社でも、今日では一年に一兆円余りの品物を生産販売しておりますが、そのほとんどは予約注文なしに、市場でお客様に自由にお買い求めいただいているわけです。

そのような場合、見方によっては非常に危険だともいえます。というのは、何らの注文もいただいていないのですから、それだけの品物が売れるという保証はありませんし、またかりに売れなかったとしても、どこにも文句のもっていきようがありません。まことに頼りないといえば頼りない、不安といえば不安極まりない話です。

それでは、どうしたらそういう状態の中で、売れ残りもなく、かといって品物が足りないということもない、適切な生産販売ができるのでしょうか。これはまことにむずかしい問題だと思いますが、私は、こういう考え方はできないかと思うのです。

それは、なるほど、予約注文もいただいていないし、何ら契約書もつくっていないけれども、自分のところの品物を買ってくださる世間の人々とのあいだには、一つの契約がある、それは見えざる契約、無形の契約であるということです。世間の人々は、いつでも自由に自社の品物が買えるという前提に立っておられる、そういう求めというか需要というものを、いわば無形の契約と解釈する、そしていつでもご希望に応じた供給をするという、生産者、販売業者としての義務感をもつということです。

ですから、たとえば製造や販売を増やすとか、新しい設備や工場をつくる場合でも、ただ何がなしにやるというのではありません。何ら予約注文を受けたわけではないけれども、より多くの人々がこの品物を求めておられる、それをあたかも予約注文をいただき契約を結んだかのように解釈し、それを果たしていくのだ、という義務感に立脚して仕事をしていくということです。そういう解釈に徹するところに一つの信念が湧き、商売の上にも非常に力強いものが生まれてくると思うのです。

私自身は、終始一貫そのような考えをもち、自分なりに無形の契約というものを感知してやってきました。そしてそれによって、あるときは三千万円、あるいは五億円、さらに百億円、一千億円というように、商いが増えていく過程において、常にほとんど過不足なく供給の義務を果たすことができたのです。

今日は世の中がますます複雑になって、生産にせよ、販売にせよ、いろいろとむずかしい問題が多くなってきています。それだけにお互い、こうした無形の契約というものを認識し、供給者としての義務感を養い高めあっていくことが大切ではないでしょうか。

地震の損害が生んだ改善

もう十年近く前（昭和三十九年）のことですが、新潟に大きな地震が起こったことがありました。記憶されている方も多いと思いますが、いろいろな建物や橋などが壊れ、一般市民の方も、また経済界も非常な被害を受けたわけです。

私どもの会社でも、現地に販売機関があったため、少なからぬ損害があったのですが、私はその被害の額を聞いて、いささか腑《ふ》に落ちないものを感じました。ひと言でいえば、大きに過ぎると思ったのです。

もし、新潟に工場などの製造施設があるのであれば、これは相当大きな損害が出ても、ある程度やむを得ないかもしれません。しかし、単に販売機関だけにしては、その額が多いような気がしたのです。

それで、だんだん話を聞いてみると、結局必要以上の品物を新潟に送って、それが現地で過剰な在庫になっていたということでした。ですから、もし適正に品物が供給され、適正な在庫が保たれていたら、それほど大きな損害をこうむらずにすんだわけです。

ふつうわれわれは、何か天災によって損失があった場合、これは不可抗力だから仕方がないのだと考えがちです。特に地震は、今のところ科学の力をもってしても予知することができないのですから、よけいに天災として見すごしがちなものです。しかし、よく考えてみれば、天災そのものはやむを得ないとしても、そこから受ける損害の大小は、経営のあり方いかんによって変わってくるのではないかと思うのです。

ところで、この話には後日談があります。というのは、新潟の例から考えて、全国の販売機関を調べてみたところ、おおむねどこも同じ姿であったわけです。そこで、これではいけないというので、いろいろと検討し、種々の改善を行なった結果、いわゆる経営の体質改善に成功したのです。

もし、地震がなかったら、過剰な在庫にも気がつかず、そのまま見すごして、何らの改善もなされなかったかもしれません。地震という大きな災難に遭って、かえってそれが原因となって、非常な成果があがったわけです。

こういったところにも、経営の妙味というものがあるといえましょう。

厳しいお得意先

商売をしていると、お得意先にもいろいろあって、非常に厳しい追及をされる場合と、そうでない場合があります。

たとえば、何か品物の注文をいただいて、それを早く持ってきてくれと言われる。それで、「承知しました。なるべく早く届けます」と言っても、やはりそこに一定の時間がかかります。だからつい、あす届けたらいいだろう、幸いあすちょうどあの方面に他の配達もあるから、そのときに届けよう、というように考えてしまいます。あすになって、他にまた急な用事ができると、そのほうを先にしたりして、前日の注文のほうはもう一日延ばして他のついでのときに配達しようということになります。実際、こういうことはしばしば起こりがちだと思うのです。

その場合、先方が、まあ仕方がないといってそれを承認されれば、そのまま二日延びてしまうわけです。けれども、そうでなく再三電話をかけてこられる場合もあります。「さいぜん注文したものをすぐ持ってきてくれ」「あす持っていこうと思っています」「いや、あすでは間に合わんのや。きょうすぐ持ってきてくれ」「それはできません」「できんと言わずに、今度だけ勉強して配達してくれ。非常に困っとんのやから」というようなことで、三べんも追及されると、じゃあそれだけ別に配達しようかということになります。

そういう厳しい追及を受けることによって、注文が来れば、すぐ届けねばいかんのだなということに気がつき、それが身にしみて分かってくるわけです。

普通の注文でも、わざわざ注文してくださったものはすぐお届けすることが大事なんだ、先方はそれを心待ちにしておられるのだ、といったことがピンと分かるようになります。それで、どんな注文でも機敏に時を移さず配達するようになり、そのことが自分の信用を増すことにもなって、商売の発展に結びつくわけです。

結局、厳しい追及を受けることによって、進歩、向上が生まれてくるのであって、そう考えてみれば、厳しいお得意先ほどありがたいということにもなろうかと思います。

儲けを認めていただく

私どもが日々商売を営む過程で、正しい儲け、いわゆる適正利潤を得るということは、非常に大事なことだと思います。適正利潤を確保してこそ、お店をさらに発展させて、より多くの人のお役に立つ商売をすることができるのですし、またその儲けたお金の大半を税金として国家に納めることによって、社会全体の繁栄に寄与することもできるのです。その意味では、適正な利潤をあげるということは、これは国民としての一つの尊い義務でもあり、責任でもあるといえましょう。

したがって、お互い商売にあたる者としては、常に〝適正利潤をあげることは尊い義務であり、それはとりもなおさず社会人としての職責を果たすことでもあるのだ〟という信念を堅持しつつ、日々励んでいかなければならないと思います。

もちろん、商売を進めていくについては、よりよい品をできるだけ安くご需要家に供給し喜んでいただくということが基本です。したがって日々の活動においては、絶えず創意工夫を重ね、日に新たなよりよい商品、より効果的な商売の方策を生み出して、万全のサービスをしていかねばなりません。

しかしそれと同時に、この適正な儲けを得るということの大切さを忘れてはならないと思うのです。さもないと乱売などのいわゆる過当競争が起こって、自他ともの貧困、混乱を招くことになりましょう。

ただお互いに、自分たちが適正利潤を大切にするばかりでなく、その考え方をお得意先なり世間の人々にも十分納得していただかねばなりません。どんなに適正利潤を重視しても、それを人々が認めてくださらなければ、どうしようもありません。だから、その大切さを機会あるごとに訴えていくことが大事です。

お互いが誠実に、熱意をこめて根気よく理解していただくよう努力を続けていくならば、この考えは必ず人々に受け入れていただけると思います。というのは、適正利潤は大切なものということこの考えこそ、お店はもちろん社会全体の繁栄を生み出す基礎だと思うからです。

そういう説得に成功することが、真に世と人のためになるほんとうの商売を可能にする一つの要諦ではないでしょうか。

不良をなくす

ある自動車会社の話ですが、その会社ではいろいろな材料や部品などを仕入れています。ところが、その支払いに際して、請求額からある金額を引いて支払うことがあるそうです。それはどういうことかといいますと、電話代だというのです。つまり、最初の注文で電話する場合は当然自分のところで負担するが、納期が遅れて催促するとか、不良があってクレームを言うような場合の電話は、仕入先が負担すべきものだから、請求額からそれだけ差し引くというのです。

もう一つ、これは別の機械会社ですが、そこでも、やはりある金額を引くということです。それはどんな場合かというと、納めた品物に不良があったとき、その率に応じて罰金を取るというわけです。不良があれば返品する。これは当然のことです。ところが、かりに五パーセントの不良があったとすると、九五パーセントの金額を支払うのではなく、それからさらに一定率の罰金を差し引いた額を払うというのです。しかも、そのことを相手の集金係でなく、最高責任者に知らせるということです。

私はこの二つの話を聞いて、非常に感じるものがありました。どちらも日本有数といってもいい立派な会社です。そういう会社が、ここまで徹底してやっているのかと、驚くとともに敬服しました。

おそらく、両者とも、電話代を取ったり、罰金を科したりすること自体が目的ではないと思います。いかにして納入される材料なり部品なりの不良をなくし、良品を生産していくかを真剣に考えた結果、そういうことをやっているのだと思うのです。

不良品というものは、それが発生したら返せばいいというだけのものではないわけです。返すにしても、余分な手間もひまもいります。まして、多くの部品の一つにでも不良があれば、一台の自動車が動かなくなってしまう、あるいは一つの大きな機械がダメになってしまう、それほどのものだと思います。

そういう恐ろしさをよく知っているから、なんとかして不良をなくしていかなくてはならない。一〇〇パーセントいいものを納めてもらうようにしたい、そういった熱意が働いて、それが罰金という姿になったのではないでしょうか。

不良をなくすのは納める側の責任ではありましょうが、仕入れる側の考え方、やり方によってもなくしていくことができる。そんなことを感じさせられました。

物心ともの貢献を

商売とか経営の使命は、さまざまな物資を豊富に生産、あるいは供給販売して、それによって人々の生活を豊かにしていくところにあるといえます。いいかえれば、人間生活を物の面において高めていくところに、その意義があるわけです。

けれども一方、お互いの生活というものは、そうした物質面が豊かになればそれでいいかといいますと、そうではないと思います。それとともに、精神的な豊かさ、心の高まりといったものがあり、その両者がともどもに高まっていくところに、ほんとうの幸せもあるのだと思うのです。

そういうことからしますと、お互いの商売においても、物資の面での豊かさをめざすだけでなく、精神面での豊かさもあわせて考えていく必要がありはしないでしょうか。もちろん、この社会には、宗教とか道徳とか芸術といったいろいろなものがあって、それが人間の心を高めていく上で、大きな役割を果たしていることはいうまでもありません。ですから、商売というものは、基本的には、物資の豊かな供給をめざしたらいいとは思いますが、やはり一面に精神面の高まりということにも思いをいたし、いわゆる心も豊か身も豊かな社会の実現に貢献していくことが大切だと思うのです。

たとえば、正しい商習慣、商道徳というものを打ち立て、その実践に努めていくこともその一つでしょう。かりに、集金や支払いをルーズにしていたとしますと、そこからつい商売が安易になり、精神的なゆるみが生じてきて、それは人心の悪化にも通じてくると思います。ですから、お互いに集金や支払いはキッチリやっていくよう心がけ、またそれを呼びかけあっていく。そのことは、単に商売を健全な姿にしていくだけでなく、人心の良化にもつながっていくといえます。あるいは、お互いに自主独立の経営に徹しよう、そして、その上に立って相協力していこう、といったことを訴えあうことも大切だと思います。

いずれにしても、方法はいろいろあると思いますが、物心ともに豊かな社会をつくっていくことに、お互いの商売が何らかの貢献をしていくことが、今強く要請されているのではないかという気がするのです。

宣伝の意義

メーカーの使命は、やはり何といっても真に人々の役に立ついい品物をつくることだと思います。それなくしては、生産者としての存在価値がないといえましょう。しかし、ただ良品をつくればそれでおしまいかというと、それだけではないと思うのです。そのことを何らかの方法で広く人々に知らせることが大切だと思います。

「今度、こういういい品物ができました。これをお使いいただければ、必ずあなたの生活にプラスになりますよ」ということを人々に知らせる、いわば義務があるといえましょう。そこに広告宣伝というものの意義があるわけです。ですから、広告宣伝は、本来決して売らんがためのものではないと思います。こんないいものができた、これをなんとかして知らせたい、そういうところから出てくる、まことに尊い仕事ではないでしょうか。

また、それとともに、広告宣伝をしていくことは、メーカーとしてその品物を販売する人々の意欲を湧きたたせ、その活動を助成するものだといえます。販売業者の人は、メーカーから供給された良品を、直接間接に需要家に配給するというところに、一つの使命感を見出して自分の商売をしておられるわけです。しかし、もしメーカーのほうが、販売は販売業者の仕事だからということで、広告宣伝をおろそかにしたのでは、販売業者の人も何かしら頼りない感じがして、その活動も力弱いものになりはしないかと思うのです。反対に、メーカーの積極的な宣伝活動があれば、販売する人も大いなる安心感と熱情をもって力強く販売を推進し、自分の使命を達成していこうということになるでしょう。

もちろん、あらためてこういうことを申しあげるまでもなく、今日、広告宣伝というものは非常に盛んに行われていると思います。ですから、それはそれで大いに結構だと思うのですが、その反面、ややもすれば、売らんがための宣伝、広告のための広告といった姿も一部には見られるだけに、こういった広告宣伝の本来の意義というものにも思いをいたしてみたいものです。

相手の時間も大切に

私たちが商売をしていく上で、お互いにいわゆる接待をしたりされたりということがしばしば起こってくると思います。そういうことも、人間関係を円滑にし、より緊密な商売をしていくために、一面必要なことでしょう。

ただ、それにはおのずと一つの節度というものが必要ではないでしょうか。というのは、そのことが何らかの不正に結びつくということは、これはもう論外としましても、それによって相手に時間を使わせることは好ましくない場合もあると思うのです。商売に打ちこんでいれば、お互いに多忙を極めるといいますか、寸暇を惜しむというのがほんとうの姿だと思います。ですから、その貴重な時間を何がなしにさくというのは、できるだけ避けなくてはならないわけです。

かりにお得意先を訪問して、それがたまたま食事時というような場合、「君、食事でもするか」と言われることがあると思います。そういうときでも、「お忙しいでしょうから」と言って辞退する。それでもたって、というのであれば、「それでしたら、うどんでもお取りくださったらここで一緒に食べさせていただきます。そして、その間商売のお話をしましょう」という具合にしてはどうかと思います。あるいは、「私はかまいませんが、あなたはお忙しいのですからご辞退いたします。ひとつそれだけの時間でもご商売を続けてください。それが何よりのごちそうです」というくらいのことが言えないかどうか。もちろん言い方に礼を失するものがあってはいけませんが、そういうことを言えば、気を悪くされるよりも、「なかなかしっかりしたことを言う人だな」と、かえって信用されるのではないでしょうか。

もっとも、いつでもそのようにせよというのではなく、時と場合によってはそういう機会をもって、ゆっくり話を交わすということもそれはそれで大事なことですから、あっていいと思います。

ただ、そういう接待をしたりされたりするのが当然だという考えは、お互いの時間節約という意味からも、これを打破しなくてはならないと思うのです。

商売にも説得力

商売を成功させるためには、説得力をもつことが非常に大事だと思います。よその店では一割五分引いて売っているじゃないか。君のところの品物は高いな。一割しか引かないのはけしからん」と言われたときにどうするかということです。一割五分も引いたならば、お店が成り立たない。成り立たないことはやってはならないわけで、だからといって、ただ「それはできません」と言ったのでは、お客様は別のお店へ行ってしまいます。

ですから、何としても、その人を説得しなくてはならないと思います。「この値段は店を維持していくための最低の値段であって、これ以上引けば自分のほうは赤字になる、いわば血が流れるのです。だからこの値段で買ってください。そのかわりサービスその他は完全にいたします」、そういう意味のことを自分の持ち味で、上手に説得できるかどうかということです。

宗教でも、説得力のある宗教は発展すると思うのです。もちろん、そこに立派な教義というものがなくてはならないでしょうが、どんなにいい教えをもっていても、説得力をもたない宗教は衰微してしまうと思います。

お互いの商売でも同じこと、というより、それ以上に説得力をもつことが大事だと思うのです。自分の扱っている商品が、使っていただければ必ずお役に立つ良品であり、その値段がいわゆる適正価格であったならば、そういう一つの自信に立った説得をしなければならないと思います。「これは決して高くないのです。この値段を切っては、自分は商売を続けていけないし、あなたに対してサービスもできなくなってしまいます。よその安いのは、安すぎるのです」ということを自分の持ち味で説得したならば、私は十人のうち九人までは共鳴してくれると思うのです。それが世間というものではないでしょうか。

ですから、かりに、そういう説得ができない、お客様を共鳴させることができない、というのであれば、やや厳しい見方をすると、これは商売に適格性を欠いているともいえましょう。それでは、自分も困るし、人にも迷惑をかける結果になりかねません。

今日は、そういう厳しいところまで自分を見つめる時期に来ているのではないかと思うのです。

予算にとらわれない

一国の運営をお金の面から見ますと、いわゆる予算というものを組んで、それにもとづいてさまざまな施策を行なっています。つまり、国民から税金を集めて、それを各省庁などの機関に割り当て、それで仕事をしているわけです。その予算というものは、これは議会の承認なしにはできません。つまり、国民がこれだけの予算は認めようということで承諾しているわけで、その範囲で仕事をするという約束になっているといえます。ですから、その予算以外のことはできません。

ところで、お互いの商売にあたっても、同じように予算というものによって、これを進めていく場合が少なくないと思います。それによって会社や商店の運営もよりスムーズに効率的になされ、成果もあがってくるわけで、そのかぎりにおいては、予算によって事を運ぶのも、それなりに好ましいことだといえましょう。

ただ、その場合、忘れてはならない大切なことがあると思います。それは、実際の商売というものは、いわば生き物であって、予算どおりに動くものではないということです。

別のいい方をすれば、商売のために予算があるのであって、予算のために商売があるのではないということです。

お役所の場合なら、国民の承諾にもとづく以上、「予算がない」ということも一応許されると思います。しかし、お役所の場合でも、かりに戦争のような非常時になれば、特別予算を組んでこれに対処します。まして、商売というのは、いわば日々これ戦争のようなものです。したがって、予算がない、ということで必要なことの実施を延ばしたりするのは許されないと思います。商売はお役所式になってはいけないのです。

そんなことは、分かりきったことのようですが、現実には案外お互いにそういう過ちをおかしているのではないでしょうか。予算がないということで、お得意先からの要望を断わったり、必要な広告をしなかったりということは、まま見受けられるように思います。けれども、お客様は予算がないからといって、待ってはくれません。どんどん他に流れていってしまいます。

予算によって商売をしていくことはもちろん大切ですが、それはあくまで内輪の心づもりであって、外部に対して必要なことは借金してもやる、そういう生きた商売をしなくてはならないと思うのです。

命をかける真剣さ

最近（昭和四十九年当時）は、経営や商売をとりまく情勢というものが、ますます厳しくなってきました。一方では、大幅な給与の引上げを行なっていかなくてはならない。それに加えて、原材料などの物価騰貴ということもあります。そういう中で、自分の製造販売している商品については安易な値上げは許されない、できるかぎり現在の価格を維持していく、場合によってはそれを値下げしていく、そういうことが社会から要請されているわけです。

したがって、お互いの経営なり商売においても、できるだけムダを省き、効率を高めて、生産性の向上をはかり、内外のさまざまな要請にこたえていかなくてはならないと思います。

ところで、こうした厳しい情勢というものは、もちろん業種により、会社、商店によって多少の程度の差はありましょうが、おおむねどこにも同じようにはたらくものだと思います。世間全般が大幅な賃上げをしているのに、自分のところはそれをしないということではすまないわけです。

しかし、そのように同じ情勢の中で、みな同じように困っているかというと決してそうではありません。ある企業は、二割なら二割の賃上げをしても、それを生産性の向上でカバーして悠々とやっている。一方は四苦八苦している。ある商店では比較的安く売っているけれども、利益は適正に取っているのに、別のところでは、高く売っても利益があがらない。そういったことが同じ業種の中でもしばしば見られます。

どうしてそういう差が出てくるのでしょうか。それはひと言でいえば、その必要性を感じていた、察知していたということではないかと思います。来年はこれだけ給料を上げなくてはならないだろうから、それだけのものを合理化しておく必要がある、ということで、賃上げを実施するまでに、全部それを吸収してしまっている。だから、大幅な賃上げをしても十分利益があがるわけです。

ところが、ともすると、賃上げをしなくてはならないからやった、それで利益が少なくなった、これはたいへんだといって合理化に取り組んでいくというのが、まま見られる姿ではないでしょうか。そのようにあとからやったのでは、それだけ犠牲も多くなってしまいます。やはり、経営というものは、どういう事態が起こってくるかをある程度予見して、それまでに必要な対策を立てて静かに時機を待つということでなくてはならないと思うのです。

もちろん、そういうことの必要性はどこでも一応は感じているでしょう。にもかかわらず、そこに差が出てくるのは、感じていても実行力を欠くといいますか、いいかえれば感じ方にもうひとつ真剣さが足りないということではないでしょうか。経営というものは、単に利口であるとか、頭がよいとかいうだけでうまくいくものではないと思います。やはりそこに命をかけるほどの真剣さがあってはじめて、何をいつどうしなければならないかというカンもはたらき、それを行なっていく力強い実行力も生まれてくるのではないでしょうか。

きわめてむずかしいことではありますが、お互いの商売にそういうことが要求されている時期に今来ていると思うのです。

第二章

人事の心得いろいろ

不景気と人材育成

人間の心というのは不思議なもので、調子のいい状態がしばらく続くと、どうしてもつい油断するといいますか、安易な気持ちになりがちです。それで昔から「治《ち》に居て乱を忘れず」というようなことをいって、無事平穏なときでも、困難に対する心の備えを忘れてはならないと戒めたりもしたのだと思いますが、そういう戒めがあっても、やはり順境になれてしまいがちというのが、お互い凡人の常ではないでしょうか。

それが、ひとたび現実に困難に出合いますと、一面それに心がひるむとか恐れを抱くということもありましょうが、しかしまたなんとかこれに対処し、克服していかなくてはならないということで、順調なとき以上に知恵も働かせ、努力もすると思うのです。そして、それだけそこに人間的な成長も生まれてくると思います。いわば、事にあたってはじめて進歩、向上が生まれるというわけです。

そう考えてみますと、会社や商店における人材の育成についても、非常に調子よく諸事順調にいっているときばかりでは、十分に人が育ちにくい面があるともいえましょう。困難なとき、なかなか仕事がうまくいかないというようなときにかえって従業員の成長があり、人が育つとも考えられます。

といっても、困難な事態というものは求めて求められるものではありません。また、会社なり商店の事業が順調に伸展しているのであれば、それはまことに結構なことですし、そこにことさら困難をつくり出す必要もないわけです。

その意味においては、私は、いわゆる不景気のときは、人材育成の好機ではないかと思います。もちろん、不景気自体は決して好ましいものではありませんし、また大きな見地からすれば、人間の力でなくしていくことができるものだと思うのです。けれども、今日の現実の問題としては、好景気のあとに不景気が来るのはある程度避けられません。

そして、不景気が来れば、ものも売れない、集金もしにくいというように、お互いに困るわけです。しかし、そういう困難な事態の中で、ただ〝困った困った〟と言っているのではなく、〝困難だが、これは従業員に生きた教育をする絶好のチャンスだ〟と積極的に考えてはどうでしょうか。

不景気になっても、志さえしっかりともっていれば、それは人を育て、さらには経営の体質を強化する絶好のチャンスになると思うのです。

仕事の知識や経験だけでは

お互いが、自分の子どもの躾《しつけ》とか教育をしていく場合に大切なことはいろいろありましょうが、その一つは、何らかの自分なりの人生観、世界観というものをもつということではないかと思います。人間の共同生活とはどういうものか、人間としての正しいあり方はどうあるべきかといったことについて、その良否に差はあっても、一つの考えをもっていなくてはならないと思うのです。

そういうものがあれば、そこから信念が生まれてきます。そしてそれが、知らず識らずのうちにその人の言動の中に現われ、子どもを好ましい方向に教え導く結果になると思います。そういうものをもたずして、いくら口先で子どもにあれこれ言っても、十分な躾や教育はできにくいのではないでしょうか。

それと同じことが、会社や商店にもいえると思うのです。ほんとうに好ましい人材の育成をはかろうと思えば、やはりその会社、商店なり経営者自身にしっかりした社会観、事業観、人生観といったものがなくてはならないと思います。そういうものがあれば、それにもとづいた、その会社なり商店の使命観が生まれてくるでしょう。

そうなれば、従業員に対しても、「この会社はこういう使命観をもっている。この使命を達成していくところに、会社の存在意義もあるのだ。だから皆さんは、この使命を十分理解して、その達成のために大いに努力してもらいたい」ということが言えると思うのです。そういうことを聞けば、従業員の人にも、〝なるほど、この会社はこういう使命をもっているのだな。自分が働くのは、その使命達成のためであって、自分の利益だけのためではないのだ。これは大いにがんばろう〟といったものが生まれてきやすいと思います。そうなってくれば、おのずと人は育ってくるのではないでしょうか。

そういった使命観なくして、ただ何がなしに働いているというだけでは、仕事の知識や経験は時とともに増すかもしれませんが、人間としての真に好ましい成長はなかなか得られないような気がするのです。

昨今、会社、商店の経営がいろいろと厳しい情勢に直面しているだけに、いっそうこのことが大切ではないかと思います。

部下が偉く見える

私は学問も乏しく、これといった才能もない、ごく平凡な人間だと自分では思っているのですが、世間ではそんな私でも、「経営が上手だ」とか「人使いがうまい」などと言ってくださることもあります。自分では決してそんなつもりはないのですが、たびたびそういうことを言われて、なぜだろうと考えてみますと、一つ思いあたることがあります。

それは、私には社員がみんな自分より偉く見えるということです。どの一人をとってみても、自分より学問がある、才能があるというように立派に感じられます。

もちろん私はずっと社長なり会長という職にありましたから、社員の人にいろいろ注意したり、ときには「君アカンやないか」とボロクソに叱りつけたことも少なくありません。けれどもそれは、社長とか会長といった職責においてやっていることで、個人として自分が偉いからしているわけではないのです。叱りとばしながらも、内心では〝この人は自分より偉いな〟と思っているわけです。

そんな気持ちで人を使い社員に接してきたことが、これといったとりえのない私でも、多少とも商売に成功し、経営や人使いがうまいなどと言われるようになった原因ではないかと思うのです。

そのことは、長年の商売を通じて接してきたお取引先を見ていても感じるのです。お得意先の社長さんで、「松下君、どうもうちの社員はアカンわ。困っとんのや」というように、自分のところの社員を悪く言われる方があります。その人自身は立派な人で手腕もあるのですが、それだけに社員の人が物足りなく見えるのかもしれません。ところが、そういう会社や商店は必ずといってもいいほどうまくいっていないのです。反対に「自分の社員はいい人間ばかりで、ほんとうに喜んでいるのだ」というような方のところは、みな成績もあがり、商売もうまくいっています。

そういうことを考えてみますと、私自身の場合だけでなく、どんなところでも、上に立つ人が、自分の部下は自分より偉いなと思うかアカンなと思うかによって、商売の成否が分かれてくるといってもいいように思います。何でもないことのようですが、そんなちょっとしたところに経営なり人使いのコツとでもいうものがあるのかもしれません。

適材適所

ある一つの団体、グループのリーダーが非常に適性をもった人であれば、その団体全体は進歩しますし、人々は幸せになります。反対に、リーダーが適性を欠いていると、そのグループはあまり発展しないでしょう。発展しないだけでなく、崩壊するかもしれません。一人の適性あるリーダーが、グループにとっていかに尊いものかということです。

仏教の言葉に「一人出家すれば九族天に通ず」というのがあります。つまり、一人の人が出家すると、親兄弟はいうに及ばず、その一門は天にのぼるというか、みな極楽往生ができるということでしょう。それとこれとは違うかもしれませんが、しかし一人の人が適所に立てば、そのグループ全体が繁栄することは間違いのない事実です。

日本では年功序列的に人事を行うことが多いようです。これはこれとして捨てがたい情味がありますから、全面的に排斥する必要はありませんが、そのよさを生かしていく反面、それにとらわれて適材を葬ってしまうことがあってはならないと思います。

以前、ある会社が行きづまったときに、私どもに経営を頼みに来られたことがありました。少し義理合いもありましたので、お引き受けすることにして、まだ四十歳にならない若い人に、その会社の経営を担当してもらいました。ところが、それを転機にして、その会社は見違えるようによくなり、長年欠損を続け無配であったものが、製品はよくなるし、利益もあがるし、二回増資しても配当を増やすような状態になったのです。

これは一つの例ですが、一人の適材の力は、それほどのものであり、リーダーに限らず、あらゆる面で適材適所を考えていくことが大切だと思います。ただ、適材の抜擢《ばってき》ということが大切だとしても、みんなの理解がなければ実行できません。みんながそういうことを理解し、いい仕事をしていくためには、かりに自分の部下であっても、適材があれば自分の席を譲るというところまで徹底することも一面必要でしょう。

そうすれば、全部の人が適材適所に生きることになって、そこから会社や商店の発展も生まれ、人々の幸せももたらされると思うのです。

困難を直視する

商売をしていると、いろいろと困難な事態に出合うことも少なくないと思います。ときには、進退極まるといったこともあるかもしれません。

そうした困難に直面した場合、どのように対処していったらいいのでしょうか。考え方はいろいろあると思いますが、私は、まずそのような重要な事態にあるということを素直に認識することが大事ではないかと思います。そして、そういう事態を招いた原因はどこにあるのかを静かに考えてみることです。それは外部にある場合もあるでしょう。しかしどちらかといえば、原因は自分自身にあることのほうが多いのではないでしょうか。

ですから、かりに自分の考えに足りないところがあったり、やり方に誤りがあったと思ったら、そのこともまた素直に認める。そうして改めるべきを改めるということであれば、困難に対処する道もひらけ、また、その体験が今後に生きてくると思うのです。

つまり、事破れてはじめて悟るとでもいう境地です。事破れるといっても、実際にはそこまでいかずにすむ場合が多いでしょうが、ともかくそれに近い状態にまでいったときに、そこに一つの悟りをひらく、そのことが非常に大事だと思います。そうすれば、つぎに来るものは非常な進歩、成長だといえましょう。人間とはそういうものです。

たとえどんな偉大な仕事に成功した人でも、何の失敗もしたことがないという人はいないと思うのです。事にあたって、いろいろ失敗して、そのつどそこに何かを発見するといいますか、心に悟りをもつ。そういうことを幾度となく体験しつつ、だんだん成長していって、ついには立派な信念を自分の心に植えつけ、偉大な業績をなし遂げるにいたったのではないかと思います。

ですから、何らかの失敗があって困難な事態に陥ったときに、それを素直に自分の失敗と認めていくかどうかということがいちばんの問題です。それを認めないということでは、失敗が百ぺんあっても少しも進歩しません。ただ世間や他人に対して不満をかこつだけで、さらに失敗をくり返し、不幸を重ねることになってしまうでしょう。

困難の原因を素直に認識し、〝これは非常にいい体験だった。少々高くついたけれども尊い教訓になった〟というところまで心をひらく人は、後日進歩し成長する人だと思いますが、いかがでしょうか。

謙虚な確信

どんなことをしていくにあたっても、一つの信念というか確信をもってやっていくことが大切だと思いますが、特に経営とか商売の場合にはそれが必要ではないでしょうか。信念のない経営、確信を欠いた商売では、まことに力弱く、成果をあげることもできにくいと思います。ですから、仕事をしていくにあたっては、それぞれに、確信の度合を高めつつ、そこに一つの信念を培っていくことが大事だと思うのです。

しかし、いくら大切だからといって、ただ何がなしに確信をもつというのでは、これは困ります。必要なのは、謙虚な心持ちの上に生まれてくる確信なのです。謙虚さを失った確信は、これはもう確信とはいえず、慢心になってしまいます。現に、失敗した人々を見ると、往々にして謙虚さを欠き、自分の意見に固執するという傾向が見られるようです。それに対して、謙虚な心持ちの上に、だんだんと確信が出てくれば、それは立派な信念となって、だいたいのことは成功に導けるといっていいでしょう。

こういうことは、特に上に立つ人ほど心しなくてはならないと思います。下の人はかりに謙虚さを欠いていても、上の人が「君は考え方が間違っているぞ。そんなことではダメじゃないか」と注意してくれるでしょう。それによって自分でも気がつき、改めることもできます。けれども、上の人になると、だれもなかなかそういうことを言ってくれません。ですから、自分で自分に言いきかすといいますか、常に自分が謙虚であるかを自問自答していかなくてはならないわけです。

謙虚な心持ちでいれば、他人の偉さが分かります。そうすると、自分の部下はたいてい自分より偉いなという気持ちになります。部下がアカンと思っているあいだは、謙虚であるとはいえません。もちろん、全部が全部というのではなく、自分より劣っている人もありましょう。が、謙虚であれば、そういう部下でもその長所が分かり、その用い方も分かってくると思うのです。したがって、適当な提案に対しては、ただちに賛成できるから、意思決定も早く、仕事が水の流れるようにスムーズにやっていけるということになりましょう。

謙虚さの上に立った確信というものを、お互いに養い高めていきたいと思うのです。

外套をぬいだ社長さん

ある飛行場での話です。飛行場に着くと、まだ出発まで時間があったので、待合室に行ったのです。そうするとそこに先客がおられました。ある大会社の社長さんですが、まだ若くて五十歳ぐらいの方です。業界が違うこともあって、私はそれまであまりお会いしたことはなく、二、三回顔を合わせたという程度ですが、会社自体はその業界では日本一で、立派な会社であることは聞き知っていました。

ところが、その社長さんが、私の顔を見るなり、パッと立ち上がって外套《がいとう》をぬごうとされるのです。私は「どうぞそのまま」と言ったのですが、その間にもうぬいでしまって、それから丁重にお辞儀をしてあいさつされるのです。私は風邪ぎみであったのでそのままで失礼したのですが、内心驚きました。

そうした待合室のような場所ですから、まあいわば年齢や経験に相当な差があっても、このごろはそこまでする必要はないというのが一般の風潮だと思います。まして先方は大会社の社長です。別に私どもと取引があるというわけでもありません。それなのに、ほんの二、三回顔を合わせただけの私に、わざわざ外套をぬいで、丁重に礼をされる。その行き届いたというか謙虚な態度に、私は深く心を打たれたのです。

伝え聞くところによりますと、その方は何の縁故もない普通のサラリーマンとして入社し、四十代という若さで社長になられたそうです。そういう若さで社長になって数年間、日本有数の大きな会社をビクともせずに経営してこられ、業界の中でも非常に成績がいいということです。

そういうことで、私は、「あなたはお若いのによくやっておられると聞いていますが、お偉いですなあ」と言ったところ、「いや、なかなか分からないことが多いので、会社の者にもいろいろ相談し、また社外の皆さんにも教えていただいてやっているのです。松下さんも、どうぞ何かとよろしくお願いします」という返事が返ってきたのには、またまた感心させられました。実に腰が低いというか謙虚なのです。これでは好意をもたざるを得ません。

こういうところに、この方が若くして、これだけの仕事をしておられる秘訣があるのだなということを感じたのでした。

叱ってもらえる幸せ

あるとき、私どもの会社で、もうかなりの地位にある人がちょっとした過ちをおかし、これは見すごしにはできないというので、譴責状《けんせき》を渡して注意することにしました。それで私は、その人を呼んでこういう話をしたのです。

「君のやったことに対して譴責状をあげようと思うのだが、もし、君に多少とも不満があれば、こんなものはもったいなくてあげられない。だからやめようと思う。君がほんとうに〝なるほどそうだな〟と感じるのなら、君は今後反省して非常に立派な人になっていくだろうから、それだけの手数をかけても価値はあると思う。けれども〝こんなに叱られるのはつまらんな、しかしまあ仕方がない〟ということなら、こうしてつくってあるけれど、あげないことにするが、どうかね」

そうするとその人は「よく分かりました」と言うので、「ほんとうに君、分かったのか、これを心からうれしく思うか」「ほんとうに思います」「それなら結構だ。じゃあぼくも喜んでさしあげよう」というようなことで渡そうとすると、ちょうどそこへその人の同僚と、その上司が来たのです。それで、「ちょうどいいところに来た、君らもちょっと立ち会ってくれ」「何ですか」「実はいま○○君に譴責状を渡そうと思うのだが、彼が喜んでもらうと言うから、ぼくは非常に愉快になっているところだ。いま読んでみるから、一緒に聞きたまえ」。

そう言って読んで聞かせたあとで、私は三人を並べてこんな話をしたのです。

「君らは幸せだ。こうして譴責してくれる人があるということはいかにうれしいことか、ぼくは実際そう思う。もしぼくが過ちをしても、かげで『けしからん』と言っても、なかなか面と向かっては言ってくれない。だから気づかぬうちに過ちを重ねることにもなりかねない。幸いにして君らには、ぼくや他の上役がいるから、叱ってもらえるのだ。こういう機会は上へいけばいくほどなくなってくる。だからこの機会は実に尊い機会だと思わなくてはいけない」

こんな注意の仕方はちょっと非常識かもしれませんが、幸いにしてその人は素直にそれを受け取って、その後立派に成長してくれました。

そんなことで私の一つの体験としてご紹介した次第です。

命これに従う

仕事を進めていく上で〝命《めい》これに従う〟ということは、一面大切だと思います。上の人の命じたことが、下の人によって適切に実行されてこそ、物事が円滑に運んでいき、仕事の成果もあがるわけで、命じられたことがあまり行われないというようなことでは、経営は成り立ちません。

しかし、それでは、命これに従うだけでいいかというと決してそうではありません。何でも上から命令されたから、上の人の希望であるからと安易にものを考えるようになると、それはいわゆる事なかれ主義に陥って、硬直化した経営になってしまいます。

たとえば、経費節減ということで、広告宣伝費はムダに使ってはならないという方針が出された場合、それを直訳して、必要な広告までやめてしまうということでは、売れる商品も売れなくなり、会社の発展も止まってしまいます。そこにやはり、下の人としての自主性にもとづく経営的な判断が必要なわけで、ムダな広告はいっさいなくすが、必要なものは積極的にやっていくということでなくてはならないと思います。

ですから、かりに部長の人が一つの方針を打ち出した場合に、課長なり主任なりがそれに対して自分の所信を訴える、もしそれが妥当でない場合には、「部長、それは間違っていますよ」と言えるだけの自主性と実力、いわば自主経営力というものをもっていることが必要だと思います。そういうものがないと、万一、上の人が誤った場合、全部が誤った方向へ進むということにもなってしまいかねません。

そういうことの大切さは、だれでもよく知っていると思いますが、組織が大きくなり、人数が増えてくると、ついつい命これに従うだけに終わって、事なかれ主義になってしまいがちです。

ですから、上に立つ人は、下の人にそういう自主経営力を養い高めていくよう要望するとともに、自分自身日ごろから下の人の意見に耳を傾け、下の人の提案が出やすいような雰囲気をつくっていくよう心がけることが大切だと思うのです。

臨床家になれ

私どもの会社では、毎年新入社員の人が入ってきますと、一定期間、工場における生産実習と小売店さんでの販売実習を体験させることにしています。会社がまだ小さいころは、そういったことをする必要はなかったのです。いわば仕事即修業の場であって、開発や設計にあたる技術者の人でも、みずから実際にネジをしめ、商品をつくるということを日常の仕事の中でみっちり経験しましたし、販売の計画を立てる人も、第一線の実情というものを日々肌で感じ取れたわけです。

ところが、会社が大きくなるにつれて、仕事も専門細分化してきますから、だんだんとそういった仕事即修業というわけにはいかなくなってきました。そこで、最初に述べたような実習をもってそれを助成するようにしたのです。

お互いの経営や商売というものは、医学にたとえれば、基礎医学ではなく臨床医学にあたると思うのです。その意味では、これにあたる者はみな、実地の体験を積んだ臨床家でなくてはならないと思います。

ですから、かりに販売の計画を立てる人が、自分自身、販売の体験ももたずして、知識、才能だけに頼っていわゆる机上のプランをつくっても、それは生きたものとはならず、失敗する場合が多いのではないでしょうか。あるいは、実際に物を製造することを経験していない技術者の人が、開発の仕事にあたり設計に従事したとして、それではたしていい製品ができるでしょうか。私はできないと思います。

やはり、臨床の仕事をしていく以上、実地の体験から入らなくては一人前の仕事はできにくいと思うのです。もし二年なり三年なり、販売店さんや問屋さんのお手伝いに行き、その店の店員になりきって雑巾《ぞうきん》がけから始めてみっちり勉強、修業をしたというような人が営業の仕事をしたらどうでしょう。これは、その人は販売第一線の実情に十分通じているわけですから、かりに机上で立てた計画でも、それはほぼ実態に即した間違いのないものができると思うのです。

もちろん、どのようなかたちでそうしたものを体験させ、会得させていくかということについては、いろいろなやり方がありましょうが、臨床の仕事をしているという心根だけはいつも忘れないようにしたいものです。

魂を入れた教育

〝事業は人なり〟といわれるように、人材の育成ということは非常に大切だと思います。それで最近では、どこの会社や商店でも従業員教育に力を入れ、そのための制度や組織を設けたりもしているようです。

ただ私は、そのように従業員教育のための制度や組織を立派なものにしていくことももちろん大事だと思いますが、何よりも大切なのは、その教育にいわば魂を入れることだと思うのです。それはどういうことかというと、会社であれば経営者、商店であれば店主の人格の反映というものがなくてはならないということです。それがいちばん大きな教育法だと思います。

といっても、経営者なり店主が非常に立派な人格者で、何でも模範的でなければならないということではありません。そんなことはなかなかむずかしいし、第一それでは窮屈で、疲れてしまうでしょう。決して神様である必要はない、というよりあってはならないと思います。普通の人間であっていいというか、人間的欠点をもっていていいし、またそれをさらけ出していいと思うのです。私のいう人格と、人間的欠点とは両立するわけです。

ただ、大事なのは、その働きにおいて模範的でなければならないということです。いいかえれば、熱心であるということになると思います。欠点はたくさんあってもいい、いわば随所にボロが出るということでもいい。けれども、店主であれば、この店を経営していこうという熱意においては、どの店員と比べても最高でなくてはならないと思うのです。そういうところから、店主としての模範的な働きも生まれてくるでしょう。そして昔から「頭が動けば尾も動く」というように、店主にそういうものがあれば、自然、従業員にも反映して、従業員の模範的な働きが生まれ、人が育ってくると思います。

しかし、いかに学問があり、立派な才能をもっていても、熱意が薄いと人はついてきません。それでは、どんなに従業員教育の制度や組織を整えても、ほんとうには人は育ってこないと思います。

それとともに大事なのは、部下の意見に耳を傾け、これを十分にくみ取ることです。そのことは、衆知を集めて経営の成果をあげるという面から必要なのはいうまでもありません。けれども、ただ単にそれが会社なりお店の経営にプラスするだけでなく、部下の意見をくみ取ることは、その人に自信をもたせ、成長させることにもなると思います。その意見に耳を傾けることをしなければ、部下の人もいつしか意見を出さなくなり、成長も止まってしまうのではないでしょうか。

ですから、人材の育成を願うならば、まず経営者自身、店主自身が経営、商売に熱意をもつとともに、部下の意見を十分にくみあげることがきわめて大切だと思うのです。

奉公に出た専務

かつて、経済界の不況で、私どものお得意先である問屋さんが非常に深刻な危機に見舞われたことがありました。当時、二百軒余りのお店があったのですが、三十軒ほどを除いてあとは全部赤字というたいへんな姿でした。

それで私は、問屋さんといろいろお話しする機会をもち、ご要望を聞く一方、私どもとして申しあげるべきところは率直にお話しするということをしつつ、いろいろ施策を講じるなどして、その難局にあたったのです。

そのときにある一軒の、かなり昔からお取引いただいている問屋さんがありました。その社長さんは、経験も積んでおり、熱心にやっておられるのですが、にもかかわらず大きな赤字になっていたのです。それで、私なりにその問屋さんの経営を見てみると、そこに一つの大きな原因が思いあたりました。そこで、私は、その社長さんにお目にかかって、こういう話をしたのです。

「社長さん、あなたはご自分のお店の業績が悪くなった原因をどうお考えですか」

「いや松下さん、私も一生懸命やっているのですが、もうひとつ成績があがらなくて困っています。実際のところ、私にはよく分からないのです」

「私が思うには、あなたの仕事のじゃまをしている人がいるのです。だからあなたがいくら熱心に仕事をしていても赤字になるのだと思います。それに気がつかないと、お店の立て直しは無理ですね」

「それは気がつきませんでした。だれですか」

「専務をしているあなたの息子さんですよ」

そう申しあげると、非常に驚いておられる。それは当然だと思います。で、私はさらに説明したのです。

「もちろん、息子さんが悪意をもってじゃましておられるというのではありません。むしろお店のためを考え、一生懸命やっておられる。ただ、まだ商売のコツというものが十分分かっておられない。その人が専務という重要な立場にあることが、結果として仕事の妨げになっていると思うのです」

「なるほど、そういうことですか」

「だから、お店をよくするには、息子さんを三年間よそに奉公にやることです。そうしなくてはダメですね」

これには、その社長さんも困られたようですが、よく考えてみると、そのとおりだ、そうしようということになりました。それで、その息子さんは、三年間他のところで働いてもらい、その間にお店の立て直しをはかって立派に再建がなったのです。そして息子さん自身も、初めていわゆる他人の飯を食べ、大いに修業することによって、帰ってきたときには一人前の商売人に成長しており、今では非常に喜ばれもしています。

このように、現職の専務である息子さんを奉公に出しなさいなどということは、見方によっては非礼ともいえますし、普通ではなかなか聞き入れていただきにくいことだと思います。そういうことができたのは、今から思うと、そのときはそれだけ真剣であり、また誠心誠意そのお店のためを考えていたからではないかという気がします。

真剣に、そして誠意をもってあたれば、それだけの荒療治を進言しても、よい結果が生まれ、かえって喜ばれるということではないでしょうか。

上位者に訴える

経営を進めていく場合、自主責任経営といいますか、それぞれの人が会社の基本方針にのっとりつつ、責任をもって自主的に仕事を進めていくという姿はきわめて好ましいと思います。いわゆる〝命《めい》これに従う〟ということで、いちいち上位者に指図され、いちいち上司にきいて仕事をしていたのでは、成果もあがらず、人も育たないでしょう。やはり全員が独立性をもって仕事をし、経営をしていくということでありたいと思うのです。

ただそれは平常時のことで、うまくいかない非常に困難な場合、思案に余る場合でも、そのままやれということではありません。自分が最善を尽くしてもなお、これがいい方策だという確信が生まれない場合は、ただちに上位者に、自分は迷っているのだということを訴える必要があります。そういうことをせずして、一カ月も二カ月も状態がだんだん悪化していくままに自分一人で悩んでやっているのは、思わざるもはなはだしいといわなくてはなりません。

もちろん、上位者も神様ではありませんから、そういうことを訴えられても、なるほど困ったなと思案に余ることもありましょう。そのときは、外部に教えを請うたらいいと思います。自分たち以外の人で知っている人がいるかもしれない、そういう人に教えを請おうじゃないか、ということを考えなければならないわけです。それは決して恥ずかしいことではなく、むしろ誠意ある行いだと思うのです。

私の場合も、だいたいは自分で判断してきましたが、ときに思案に余ることがありました。そういう場合には、あらためて外部の人に教えを請うのです。必ずしも自分より地位の高い人に限ることはありません。違った角度からものを見た場合にはどのようにこれを批判してくれるかということも非常に参考になると思います。そういうものをヒントにして自分の心を決めれば、決して行きづまることはないでしょう。

自分だけでそれを握って、自分だけで悩み、上位者に訴えない。上位者はうまくいっていると思って安心している。どうしてもいけなくなって、訴えたときにはすでに手遅れだということが実際にあると思います。

具合の悪いときは一刻も早く上位者に報告して指示を仰ぐ、それがほんとうの責任経営だと思うのです。

何ごとも結構

私は幼いころに家が傾いたので、数えで十一歳のとき奉公に出ました。今日では実働八時間などと一日の勤務時間が決まっていますが、その当時は朝早くから夜は十時まで、決まった休憩もなかったものです。また休日も、お盆と正月を除いては年中無休でした。だから仕事が終わってから勉強する時間もありません。

そんな私を見ていて、母は、読み書きを十分覚えておかないと大きくなって困るから、どこか会社に給仕として勤務し、夜学へ行ったらどうかと勧めてくれました。私も大いに心が動いたものです。しかし、父は反対でした。いったん商売の道に入ったのだから、一筋に商売人になれと言うのです。そんなことで結局、十七歳まで奉公を続けました。

しかし、今考えてみますと、そのことによって私は商売のコツというものを習い覚えることができたように思うのです。それは後にたいへん役に立ちました。だから私の勉強したいという希望が自分の思うようにいかなかったことも、一面幸せであったわけです。

このように運命というものは不思議なものだと思います。人はみなそれぞれ志を立てるのですが、なかなか思いどおりにいかないし、実現しにくい。けれども希望とは逆の道が自分にピッタリ合って成功する場合もある、私はそう思うのです。

自分でものを考え、ものを決めるということは、全体から見るとごく少ないのです。自分一人では、どうしても視野が狭くなりがちです。自分が分かっているのは世の中の一パーセントだけで、あとの九九パーセントは分からないと思えばいいでしょう。あとは暗中模索です。

だから、あまり一つのことをくよくよ気にしないほうがいいのではないかと思います。初めから何も分からないと思えば気も楽でしょう。とにかく人間にはさまざまな姿があっていいと思うのです。恵まれた生活も結構、何ごとも結構、という気持ちが大切だと思います。

あるホテルの話

商売をするにあたって、サービスの大切さということは、いくら強調してもしすぎることはないと思いますが、先般あるホテルの社長さんからこういう話を聞きました。

そのホテルは、オープンを目前に控えて、それまでにいろいろと周到な準備を行なってきていたわけです。建物にも、設備や備品などにも、非常な心配りをした。けれどもいちばんに重点をおいたのは何かといえば、従業員の養成だというのです。

すなわち、早い人は二年前から、遅い人でも半年前にはもう採用をすっかり終えて、その期間にあらゆる点にわたって実地教育をほどこしてきたそうです。それで、開業にあたってはそう大きな間違いはないと思うけれども、なお自分は心配しているのだ、とその人は言っておられました。

私はその話を聞いて、非常な感銘を受けました。確かに、いかに設備が立派なホテルでも、それだけではお客様は満足されないと思います。それに加えるに、行き届いたサービスがあって、はじめて〝このホテルに泊まってよかった。今度もここにしよう〟ということになるのだと思うのです。

ですから、どのホテルでも、このように早くから人を養成し、サービスに事なきを期すということが、いわばホテル経営の常識だそうですが、ひるがえってお互いの商売を考えてみるとき、はたしてそこまでの心がまえをもって、サービスにあたっているかどうか、反省させられる思いがしました。

最近では、サービスの大切さということが盛んにいわれるようになり、どういう商売でも、それなりの制度なりサービス体制というものを逐次充実させつつあると思います。そのことは大いに結構であり、必要なことでしょうが、その任にあたるサービス員の養成が十分でないと、せっかくの体制も、いわゆる画《が》龍《りょう》点《てん》睛《せい》を欠くということになって、魂の入らないものになってしまうおそれがあります。

ほんとうにお客様に喜んでいただけるサービスをしていくには、やはりこれにあたる人が、いわば会社を代表して適切にものを言い、適切に処置ができるということでなくてはならないと思います。そういう人の養成、訓練に労を惜しんではならない。むしろまず第一に大切なことと考えなくてはならない。私はその社長さんのお話から、そういうことを感じたのです。

分に応じた人を

昨今（昭和四十九年当時）は非常な人手不足ということで、求人難に頭を悩ませている会社や商店も多いことでしょう。

私が商売を始めたのは大正七年のことでしたが、そのころは幸いにして、人はありました。もちろん、当時の松下電器には、学校を一番で出るとか、三番で出るというような人は来てくれません。また、そんな人が来てくれたら、こちらも困ります。向こうのほうが偉いのですから。

まあ、私の店にふさわしい人というと、当時で高等小学校を卒業した人は少なく、だいたい尋常小学校だけの人が多かったのです。ですから、中学校を卒業した人を求めようと思ったら、相当馬力をかけなくてはダメでしたし、専門学校の人に来てもらってもいい、募集すれば来てくれるかもしれないと思うようになったのは、ようやく昭和二年です。つまり、商売を始めて九年たったその年に、初めて専門学校出の人を二人雇ったわけです。

そのように、私の場合は、自分の店にふさわしい人ということで人を求めて、それでうまくいっていたように思います。ですから、それぞれの会社なり商店にしても、その立場で、そこにふさわしい状態において人を集めるべきだと思うのです。

偉い人すぎても困ります。よすぎた人で、よく働いてくれる人もなかにはありますけれども、往々にしてそういう人は、〝何だ、こんなつまらん会社か、面白くない〟ということになりがちです。けれども、そうでない人だったら、感謝して、この会社は結構だといって働いてくれる。そのほうがずっとありがたいわけで、あまり偉い人を集めすぎてはダメだということでしょう。

分に応じた、という言葉がありますが、私は、分に応じた会社、分に応じた店に、分に応じた人が集まってくると、一応考えていいと思うのです。そういう人をある程度熱心に求めていれば、そう心配しなくてもいいのではないでしょうか。

ただ、どんな場合でも十二分にはいかないでしょう。しかし、七十点の人は集まると思います。そして、ほんとうは、そのほうがかえって幸せではないかと思うのです。

適正な給与

給与というものは、会社にとっても従業員にとっても、まことに大事なものであることはいうまでもありません。給与が適切であるか否かは、会社にも従業員にも、その安定と繁栄にかかわる重大な問題であり、また同時に社会の繁栄の基礎ともなるもので、お互いに十分な配慮のもとに、絶えざる創意と工夫を加えて、その適正化をはかっていかなければならないと思います。

だれしも、給与は多いほうがよいと考えます。その考え方自体は決して悪いとは思いません。しかし、会社が、かりに多くの給与を出したいと念願しても、それだけで実現できるかというと、必ずしもそうはいかないと思います。まして、それを長く続けるということは、さらにむずかしいでしょう。

それではどうしたらできるかといいますと、それは結局、社会の公平な承認を得ることによってできると思うのです。

会社の一存によって、あるいは社長の考えだけによって給与を多くするとか少なくするとかいうことは、ほんとうは許されません。やはり、社会の承認が得られてはじめてそれが許され、恒久性をもつわけです。

したがってまた、単に労働組合が要求して取るものでもないと思います。過大な要求に対して、かりに社長が出そうとしても、世間が許さない、あるいは会社の経理の状態が許さないでしょうし、ましてそういうことが長いあいだにわたって許されるものではありません。

ですから、給与については、常に時を考え、業界を考え、国を考え、そしてこの程度ならば世間の承認を得られるだろう、このくらいであればいろいろな点から見ても問題は起こらないだろう、またこの給与ならば長く続けられるであろうというような点を勘案して、その範囲で最高のものを考えていくことが大事だと思います。いいかえれば、適切な給与というものはお互いの正しい価値判断によって決まってくるということです。

もし、それを誤るならば、一時的には好ましい状態になっても、結局は会社も従業員もジリジリと破滅の道に追いこまれていくことになってしまうのではないでしょうか。

人事の不満は

これは戦前の話ですが、私どもの会社では、社員の人に、一等社員、二等社員、三等社員、社員補というように一種の等級をつけていました。ところがあるとき、一人の社員補の人が私のところへ来て、こう言うのです。

「私は入社以来相当長く勤務し、今日では会社のお役にも立ち、もはや三等社員としての資格も備わっていると自負しています。けれども、まだ昇格の命《めい》に接していません。これは私の努力が足りないのでしょうか。もしそうであるならば、大いにご指導をいただき、さらに奮励しなくてはなりませんが、あるいはひょっとして昇格の辞令を忘れておられるのではないでしょうか」

そういう質問だったので、私はさっそく人事のほうを調べたところ、その人の言うとおり、昇格の手続き漏れということが分かりました。それでただちに三等社員昇格の辞令を渡したのですが、私は、その人の率直純真な申し出に、非常に愉快というか、うれしいものを感じました。

ところが、同じころ、別の人がその上司を通じて辞職を申し出ているのです。その人は、なぜ辞めたいかというその理由をはっきりとは言わないためよく分からないのですが、どうも、あるべきはずだと思っていた昇格辞令がもらえなかったことへの不満に原因があったらしいのです。

そもそも人事というものは、公平で誤りのないことが望ましいのはいうまでもありませんが、お互い人間のやることですから一〇〇パーセント完全というわけにはいかないと思います。だから、いろいろ疑問やら不満が起こるのも、一面無理からぬことでしょう。その場合、その疑問や不満をどうするかが問題です。黙って自分の胸におさめておくのも一つの行き方かもしれませんが、やはり私は、さきの人のように、不審な点がある場合は、率直にそれをただすという、わだかまりのない行き方がより好ましいと思います。

あとの人のように、不満を心に抱いて、その意思表示もせず、一人煩悶しているのではよい結果は得られないでしょう。自分がしっかりした信念をもって仕事をしていて、なお不審な点があれば、遠慮なくそれをただすべきだし、またそういうことができやすい雰囲気をつくることが、上司なり経営者にとって大切なのではないかと思うのです。

プロの自覚

以前に『闘魂の記録』といって、東京オリンピック（昭和三十九年開催）を前にして、選手の人々がいかに練習しているかを描いた映画を見たことがありました。どの競技も、きわめて厳しい練習で、選手の人々が歯をくいしばりつつそれに取り組んでいる姿に大きな感銘を受けたものです。特に、女子バレーボールで優勝を遂げたニチボーチームの練習の、悲惨とも残酷ともいえるような激しさには、それこそ度肝を抜かれるような驚きを覚えました。そして、こういうところにオリンピックが光彩を放ち、見る人をして感動せしめる大きな力があるのだなということを感じたのでした。

しかし、考えてみると、オリンピックの選手はみないわゆるアマチュアの人ばかりです。もちろん、国家の栄光を担って技を競うのですから、それだけ真剣味も増すのでしょうが、それにしても、みなそれぞれに本業をもった上での、いわば余技だと思います。

ひるがえって、われわれの商売というものを考えてみますと、これはいうまでもなく本業です。アマチュアではなくプロなのです。とすると、アマチュアの人が余技に打ちこむ以上に、自分の本業に打ちこまなくてはウソだといえないでしょうか。

いささか厳しい言い方をすれば、本業に全身全霊をささげて、そこに喜びが湧いてこないというようなことでは、その本業から去らなければならないという見方もできると思います。能力の問題ではありません。それに全身全霊を打ちこむ喜びをもつかもたないかの問題です。

力が及ばない、という人はたくさんあると思います。しかし、及ばないなりに一心に打ちこむならば、その姿はまことに立派なものがあると思うのです。そういう姿が、人に感銘を与え、人を動かすことになります。そこに知恵と力とが集まって、成果を生むことができるようになってきます。

ところが、そういうものがなかったら、いくら力があったとしても、それだけにとどまって、大きな成果はあげられないと思います。ですから、そういう意味で、本業に全身全霊を打ちこんで、なお興味が湧かないというのは許されないことだといえましょう。

特に責任者の立場にある人は、こうした点についても自問自答していく必要がありはしないかと思うのです。

経営者というもの

経営者というものは、始終頭を使っている場合が多いと思います。熱心であればあるほど、時間がない、私の時間というものがない、いついかなる場所においても経営のことを頭に浮かべている、やや極端な言い方をすれば、一面そういうものがないと、ほんとうに魂の入った経営はできにくいのではないかという気がします。

一社員として勤務している人であれば、これだけの勤務時間があり、これだけ自分の時間があるということがあっていいし、またそれが当然だと思います。けれども、たとえ小さな商店であれ、あるいは大きな会社であれ、店主ともなり、最高幹部ともなれば、他人は遊んでいても、自分は遊べないというのがほんとうではないでしょうか。もちろん、現実には、四六時中、常に仕事をしているという姿にあるわけではなく、休養しているときもあれば、遊んでいるときもあっていいと思います。しかし、体は休んでいたり遊んでいても、心は休んでも遊んでもいない、何かしら常に経営に思いがかよっているということだと思います。

これは、まことに窮屈といえば窮屈だし、疲れるといえば疲れることだといえます。しかし、いやしくも何人、何十人、あるいは何百人、何千人もの上に立って、その人たちの運命をいわば双肩に担うということは、それほどのものだと思うのです。

そして、また、そういうところに経営者としての生きがいといいますか、面白味といいますか、あるいは救いというものがあるのではないでしょうか。もし、そういうものが多少とも感じられるようですと、これは窮屈でもなく、疲れにもならないと思います。そのこと自体がいろいろな意味で血液の循環をうながし、疲れを休めるということにもなるといえます。

結局、お互いが営々と努力し、そしてある地位を得るということは、決してそれで楽をすることにはならないと思います。むしろ、休むひまもないほどに苦労が絶えない、考え方によってはまことにつまらないことだと思うのです。しかし、そこにはまた別の生きがいがあって、それによって自分を慰めることができるわけです。

そういうことが感じられるかどうか。厳しいようですが、それが経営者としてみずから適格性を判定する一つのポイントだと思うのです。

課長を辞退する

会社や商店の経営において、人というものは何といってもいちばん大事だと思います。けれども、その〝人〟の適格性ということが、日本ではどの程度要求され吟味されているでしょうか。もちろん、かなりの程度はされているとは思いますが、案外適格性をもたない人が課長になり部長になり、あるいはまた社長ともなっている会社も比較的多いようにも思われます。これは、封建制度が残っているといいますか、年功序列といいますか、そういうものが災いしている面もあるのではないかと思います。

芸能界とかスポーツ界では、適格性がないか、実力がないとすぐ分かります。しかし実業界では、適格性はなかなかはっきり見分けることができません。勝負して負ければ、適格性がないということになりますが、勝負する場所がなかなかないし、あってもすぐには勝負がつかないわけです。

会社は、たとえば課長なら課長に適格性があるかどうか、一応の吟味をしてその任にあてるのですが、ときには過ちがあります。そういうときに、その人自身が自分の適格性をどの程度判断しているかということも問題です。まあ、「君、課長になりたまえ、課長をやってくれ」と言われれば、おおむねオーケーということになるでしょう。そのとき、「いや課長になるのは困ります。幸い自分はこの仕事をうまくやっていて、面白いのです。だから課長はお断りします」というようなことがあるかどうか。なかにはあるかもしれませんが、まずほとんどないと思うのです。普通の平社員よりも課長のほうがいいのだという考えが、日本では強いわけです。

アメリカあたりでは、課長になるという場合に、十人のうち九人までは喜んでなるが、あとの一人は考えてみて、「課長も結構ですが、どうか自分の今の仕事をさせてください。自分はこの仕事に適性があると思いますし、そのほうが会社のプラスにもなります」と断るのではないか、そういう感じがするのです。

もちろん、日本とアメリカとは事情が違いますが、そういう点に自己検討を加え、さらにお互いに検討しあっていくということも、ときに必要なのではないでしょうか。

やりぬく決意

経営とか商売というものには、いくらでもやり方があると思います。たとえばこういう製品、器具をつくって、社会に普及させたい、そして人々の生活を高めていきたいということを考えたとしますと、それを具体的に進めていくについては、いわば無限にといっていいほどのやり方があるだろうと思うのです。

ですから、やり方次第では、そこにおのずと異なった成果が生まれてくるということも当然あると思います。けれども、ほんとうに事の成否を決めるのは、もう少し他のところにあるのではないでしょうか。

それは、そのことをやろう、やりぬこうという決意がどれほど強いかということだと思います。ぜひともこの事業をやりたい、世のため人のため、何としてもやらなくてはいけない、そういう決意が非常に強いものでなくてはならないということです。

もし、そのような強い決意といいますか熱意といいますか、極端にいえばそのことに命をかけるというような気概をもたずして事にあたったとしたら、往々にして失敗に終わってしまうと思うのです。

人間というのは、まことに偉大なものだと思います。力を合わせて熱心に事を行えば、あのアポロ宇宙船※のように、月に到達するというほどのことまでなし遂げられるわけです。しかし、あのアポロにしても、何としても月に到達させたいという指導者の強い決意がなかったら、あるいはああした成功を見なかったのではないでしょうか。

商売や経営でも、結局はアポロと同じことだと思うのです。この商売をもっと立派なものにし、さらに立派な従業員を育て、そしてより多くの人々に喜んでもらえるような仕事をしていきたいと思えば、それは必ず可能だと思います。

そのためには、会社なり商店の頂点に立つ人が、そのことをみずから強く念願し、固く決意することが肝心です。その上に立って、従業員の人を督励し、指導していくならば、その経営は大きく伸びていくと思うのです。

※昭和三十六年（一九六一）、アメリカのケネディ大統領が月面着陸有人宇宙飛行計画（アポロ計画）を発表。アポロ11号のアームストロング船長とオルドリン飛行士の二人が、昭和四十四年（一九六九）七月二十日、月面に人類初めての第一歩をしるした。

新入社員でも

会社でも商店でも、創業して年月がたち、規模が大きくなりますと、いわゆるお役所的になるといいますか、組織が硬直化してきがちだと思います。

それで、一般社員は主任にものを言うが課長に直接言ってはならない、主任は課長にものを言うが部長に直接言ってはならない、部長は重役に言うが社長に言ってはならない、といった考え方が知らず識らず生まれてきます。こういうことでは、一人ひとりにのびのびと自主独立性を発揮させ、それが会社のいっそうの発展をもたらすという姿も生み出しにくいと思うのです。ですから、そういう現象は厳に防がなくてはなりません。

極端にいえば、きょう入ったばかりの新入社員でも社長にものが言えるといった気風が望ましいわけで、そういう気風をつくり、これを保持していくことが、特に上に立つ人には必要だと思います。一般社員が主任、課長、部長を越えて、直接重役や社長にものを言っても、そのために課長や部長の権威が損なわれることは決してありません。

もし課長や部長がそのように考えたり、逆に一般社員が、そういうことをしたら主任や課長のご機嫌を損なうのではないかという恐れをもったりするとすれば、それはもう硬直化を起こしている姿だといえましょう。

「意見をぼくに言ってくれるのも結構だが、あとで報告さえしてもらえば、直接部長に言っていいのだよ」ということを課長が言う、あるいはそのように言わしめる気風をつくるところに、上に立つ人の責任があるわけです。

部下の意見は、部長から見れば当を得ないものもありましょうが、なかには部長が考え及ばなかったよい案もあるはずです。そういったことに気がつく柔軟性を常にもつと同時に、よい提案をどんどん採用することが必要です。自分の方針を正しいと信じていても、それに固執しているならば、自分の見解の範囲を一歩も出ません。部下から無限に提案される英知を自分の英知とし、新しいものを生み出していくところに、上に立つ人の職責があり、会社や商店の大きな発展もあります。

また、部下の提案についても、絶対に間違いないと思うものだけを採用するのではなく、多少どうかと思うことについても、「君がそこまで考えたのなら、まあやってみたまえ」と提案を聞き入れる態度も大切でしょう。そうすれば、部下からの提案や創意工夫も活発になり、ひいては部下にのびのびと仕事をさせることにもなると思います。

別のところ（218ページ）でも述べましたが、〝命《めい》これに従う〟という姿では、いかに多くの人材を擁しても、会社は発展しません。いかに大きくなり、いかに多くの人材を擁するようになっても、若い人々が常に自由に意見を述べ、自由闊達《かったつ》に仕事ができる気風をなくしてはならないと思うのです。

『商売心得帖』は一九七三年二月に、『経営心得帖』は一九七四年七月に、いずれもＰＨＰ研究所より刊行された。

■松下幸之助略年譜

年	年齢	事項
明治二十七（一八九四）		十一月二十七日、和歌山県海草郡和佐村字千旦ノ木（現和歌山市禰宜〈ねぎ〉）で松下政楠、とく枝の三男として出生
三十二（一八九九）	4	父・政楠が米相場に失敗、和歌山市内に移住
三十七（一九〇四）	9	尋常小学校を四年で退学、単身大阪に出て宮田火鉢店に奉公
三十八（一九〇五）	10	五代自転車商会に奉公
三十九（一九〇六）	11	父・政楠病没
四十三（一九一〇）	15	大阪電燈㈱に内線係見習工として入社
四十四（一九一一）	16	内線係見習工から最年少で工事担当者に昇格
大正二（一九一三）	18	母・とく枝病没
四（一九一五）	20	井植むめの（十九歳）と結婚
六（一九一七）	22	工事担当者から最年少で検査員に昇格
		大阪電燈㈱を退社、大阪・猪飼野でソケットの製造販売に着手
七（一九一八）	23	三月七日、大阪市北区西野田大開町（現福島区大開）に松下電気器具製作所開設
		アタッチメント・プラグ、二灯用差し込みプラグの製造販売開始

十二（一九二三）	28	砲弾型電池式自転車ランプを考案発売
十四（一九二五）	30	連合区会議員選挙に推されて立候補し、二位で当選
昭和 二（一九二七）	32	角型ランプに初めて「ナショナル」の商標をつけて発売
四（一九二九）	34	松下電器製作所と改称。綱領・信条を制定し、松下電器の基本方針を明示
		世界恐慌となったが、半日勤務、生産半減、給与全額支給とし、従業員を解雇することなく不況を乗り切る
六（一九三一）	36	ラジオ受信機がＮＨＫ東京のラジオセットコンクールで一等に
		乾電池の自社生産開始
七（一九三二）	37	五月五日を創業記念日に制定、第一回創業記念式を挙行し、産業人の使命を闡明（せんめい）、この年を命知元年とする
八（一九三三）	38	事業部制を実施
		朝会・夕会を全事業所で開始
		大阪府北河内郡門真村（現門真市）に本店を移す
		「松下電器の遵奉すべき五精神」（昭和十二年、七精神に）を制定
九（一九三四）	39	松下電器店員養成所開校、所長に就任
十（一九三五）	40	松下電器製作所を株式会社組織とし、松下電器産業㈱を設立。同時に従来の事業部制を分社制とし、九分社を設立

昭和 十五（一九四〇）	45	第一回経営方針発表会を開催（以後、毎年開催）
十八（一九四三）	48	軍の要請で松下造船㈱、松下飛行機㈱を設立
二十（一九四五）	50	終戦。その翌日、幹部社員を集め、平和産業への復帰を通じて祖国の再建を呼びかける
		続いて八月二十日、「松下電器全従業員諸君に告ぐ」の特別訓示を行い、難局に処する覚悟を訴える
二十一（一九四六）	51	松下電器及び幸之助が、ＧＨＱから財閥家族の指定、公職追放の指定等七つの制限を受ける（昭和二十一年三月〜二十三年二月）
		全国代理店、松下産業労働組合が公職追放除外嘆願運動を展開
		十一月三日、ＰＨＰ研究所を創設、所長に就任
二十四（一九四九）	54	企業再建合理化のため、初めて希望退職者を出す
		負債十億円となり、税金滞納王と報道される
二十五（一九五〇）	55	諸制限の解除によって状況好転、経営も危機を脱する
		緊急経営方針発表会で「嵐のふきすさぶなかに松下電器はいよいよ立ち上がった」と経営再建を声明
二十六（一九五一）	56	年頭の経営方針発表会で「〝松下電器はきょうから再び開業する〟の心構えで経営にあたりたい」と訴える

		第一回、第二回欧米視察
二十七（一九五二）	57	渡欧、オランダのフィリップス社との技術提携成立
三十六（一九六一）	66	松下電器産業㈱社長を退き、会長に就任
三十七（一九六二）	67	『タイム』誌のカバーストーリーで世界に紹介される
三十九（一九六四）	69	熱海で全国販売会社代理店社長懇談会を開催
四十三（一九六八）	73	松下電器創業五十周年記念式典を挙行
四十七（一九七二）	77	『人間を考える——新しい人間観の提唱』刊行
四十八（一九七三）	78	松下電器産業㈱会長を退き、相談役に就任
五十四（一九七九）	84	㈶松下政経塾を設立、理事長兼塾長に就任
五十六（一九八一）	86	勲一等旭日大綬章を受章
五十七（一九八二）	87	㈶大阪21世紀協会会長に就任
五十八（一九八三）	88	㈶国際科学技術財団を設立、会長に就任
六十二（一九八七）	92	勲一等旭日桐花大綬章を受章
六十三（一九八八）	93	㈶松下国際財団を設立、会長に就任
平成　元（一九八九）	94	四月二十七日午前十時六分、死去

[著者略歴]
松下幸之助（まつした・こうのすけ）
パナソニック（旧松下電器産業）グループ創業者、ＰＨＰ研究所創設者。明治27（1894）年、和歌山県に生まれる。9歳で単身大阪に出、火鉢店、自転車店に奉公ののち、大阪電燈（現関西電力）に勤務。大正7（1918）年、23歳で松下電気器具製作所（昭和10年に松下電器産業に改称）を創業。昭和21（1946）年には、「Peace and Happiness through Prosperity＝繁栄によって平和と幸福を」のスローガンを掲げてＰＨＰ研究所を創設。昭和54（1979）年、21世紀を担う指導者の育成を目的に、松下政経塾を設立。平成元（1989）年に94歳で没。

カバー写真：貝塚 裕

PHPビジネス新書 松下幸之助ライブラリー M04

商売心得帖／経営心得帖

2014年5月2日　第1版第1刷発行
2015年12月10日　第1版第2刷発行

著者　松下幸之助
発行者　小林成彦
発行所　株式会社ＰＨＰ研究所
東京本部　〒135-8137　江東区豊洲5-6-52
ビジネス出版部　☎03-3520-9619（編集）
普及一部　☎03-3520-9630（販売）
京都本部　〒601-8411　京都市南区西九条北ノ内町11
PHP INTERFACE　http://www.php.co.jp/
装幀　齋藤 稔＋印牧真和
制作協力・組版　株式会社PHPエディターズ・グループ
印刷所
製本所　図書印刷株式会社

 ISBN978-4-569-81920-4

松下幸之助ライブラリー

人生心得帖／社員心得帖

松下幸之助　著

松下幸之助が人生と仕事の極意を明かす。厳しい企業環境のなか、いまなすべきことの本質を見通し、生きる指針を示す一冊。

定価　本体八六〇円（税別）

松下幸之助ライブラリー

指導者の条件

松下幸之助 著

松下幸之助が自らの姿勢を正すために著し、常に座右に置いた一冊。古今の事例から、指導者のあるべき姿を102カ条で具体的に説く。

定価 本体八八〇円（税別）

松下幸之助ライブラリー

若さに贈る

松下幸之助 著

「できることならば、わたしは、自分のいっさいを投げ捨てても、みなさんの年齢にかえりたい」――幸之助翁から若者へ、魂のエール。

定価 本体八四〇円（税別）